MEINE

100 VEGETARISCHE UND VEGANE REZEPTE VON ROLF CAVIEZEL

VEGGIE

KÜCHE

Tre Torri

Inhalt

Rolf Caviezel

Vorwort

Kochen ist eine Wissenschaft, nämlich Chemie, Biologie und Physik in der Küche. Für einen Molekularbiologen wie mich ist Kochen aber vor allem eine hohe Kunst. Verbunden mit großem Genuss. Der Schweizer Rolf Caviezel ist einer jener Spezialisten, die das „Know-why" von Wissenschaftlern mit dem „Know-how" von Köchen verknüpfen. Durch seine enge Zusammenarbeit mit uns Wissenschaftlern weiß er grundlegende Kenntnisse aus den Bereichen der Physik, Chemie und Molekularbiologie gezielt zu nutzen, um diese in ganz neue Geschmackserlebnisse zu verwandeln. Seit Jahren gehört er daher zu Recht – und nicht nur für mich – zu den renommiertesten Protagonisten der molekularen Küche.

Als mir Rolf von seinem neuen Projekt erzählte, einem Kochbuch mit vegetarischen und ja sogar veganen Rezepten, war ich als überzeugter Carnivore mehr als skeptisch. Essen ohne Fleisch? Nicht einmal mit Fisch? Geht das nicht auf Kosten des Genusses? Verblüfft stellte ich jedoch fest: Es schmeckt! Ziemlich gut noch dazu! Der Wissenschaftler in mir würde sagen: eine geniale Kombination aus Geschmack, Aroma und Textur!

Ich gebe zu, ich bin ein Fan von Rolf Caviezels Küche, auch dann, wenn sie sich veggie oder sogar vegan nennt. Seine Gerichte beinhalten sicherlich nicht nur für mich die ganze Palette der ganz großen Kochkunst. Und so muss ich heute nach meinen anfänglichen Vorurteilen reumütig zugeben: Der Verzicht auf Fleisch und Fisch erweitert letztlich sogar meinen kulinarischen Geschmackshorizont und lässt mich im wahrsten Sinne des Wortes über den Tellerrand hinausblicken. In diesem Sinne also viel Spaß beim Ausprobieren und guten Appetit!

Helmut Jungwirth

Nach wissenschaftlichen Aufenthalten an der Universität Tübingen sowie der Medizinischen Universität in Wien ist Dr. Helmut Jungwirth seit 2010 Professor für Molekularbiologie und Wissenschaftskommunikator an der Karl-Franzens-Universität in Graz.

Genuss statt Verzicht

Über Geschmack lässt sich ja bekanntlich nicht streiten. Oder doch? Wer den Begriff „gutes Essen" in eine Online-Suchmaschine eingibt, erhält auf Anhieb ca. 23,8 Millionen Ergebnisse zu diesem Thema, „richtig essen" ergibt sogar mehr als 28 Millionen Treffer. Zum einen wie dem anderen finden sich in etwa ebenso viele Meinungen. In jedem Fall stößt man bei der Suche auf den Hinweis „vegetarisch" und/oder „vegan". Sich fleischlos zu ernähren, gar auf jedes Nahrungsmittel tierischen Ursprungs zu verzichten, liegt derzeit absolut im Trend. Was dabei auffällt, sind die gelegentlich geradezu dogmatischen Überzeugungen, so, als ob es nur den EINEN richtigen Weg gäbe.

Dieses neue Kochbuch von Rolf Caviezel verfolgt allerdings eine andere Richtung. Es geht nicht darum, Fleischesser zu vegetarischer oder veganer Küche zu bekehren oder in Sachen Ernährung zu beraten, worauf diejenigen achten sollten, die sich ausschließlich von Pflanzenkost ernähren. Wer Caviezels Art und Weise zu kochen bereits kennt, weiß, dass ihm Dogmen nicht liegen, dass er nicht mit dem erhobenen Zeigefinger arbeitet, sondern Lust machen will auf Neues. Darauf, einfach mal etwas auszuprobieren. Dass es nicht um Verzicht geht, sondern ihm als kreativem Koch stets um höchsten Genuss. Wenn dabei am Ende herauskommt, dass man sich ausschließlich vegetarisch oder vegan ernähren möchte – umso besser!

Falls nicht, dann vielleicht nicht immer, aber immer mal wieder. Und wer bereits Vegetarier oder Veganer ist, weiß um komplizierte Zutatenlisten, die es beim Einkauf zu studieren gilt. Beispielsweise von Sojaprodukten. Eine Hilfe stellt hierbei der Einkaufsratgeber auf Seite 12 dar. Und wer ganz sicher sein möchte, dem empfiehlt Rolf Caviezel in so einem Fall: selbst herstellen. Wie das geht? Einfach ab Seite 18 nachlesen und den Rezeptvorschlägen folgen!

Ihr Tre Torri Verlag

Wer is(s)t was oder auch nicht?

Die Welt ist bunt, wie es so schön heißt. Nicht immer ganz leicht zu verstehen, wer denn nun eigentlich was is(s)t. Deshalb hier ein kurzer Überblick:

Flexitarier: Wird gern auch Teilzeit-Vegetarier genannt. Den meisten von ihnen geht es dabei um bewussten Konsum, um hohe Qualität der Nahrungsmittel und damit natürlich auch um bewussten Fleischgenuss. Die Güte der Produkte steht im Vordergrund. Im Grunde ließe sich auch sagen: Man macht es so, wie zu Großmutters Zeiten, als einmal die Woche, am Sonntag, ein gescheiter Braten auf den Tisch kam und es den Rest der Woche fleischfreie Kost gab. Flexitarier essen also quasi alles, solange die Qualität stimmt. Das Motto: selten (aber hochwertiges!) Fleisch, ansonsten Pflanzenkost und davon reichlich.

Pescetarier: Alles geht, auch Fisch, jedoch kein Fleisch. Manche essen Krebstiere und andere Meeresfrüchte, allerdings nicht jeder Pescetarier. Dass jemand Fisch isst, aber kein „irdisches" Fleisch, hat häufig damit zu tun, dass aus gesundheitlichen Gründen die Ernährung umgestellt wird.

Ovolaktovegetarier: Für diese Gruppe ist alles erlaubt – außer Fleisch und Fisch. Immer mehr Menschen in Deutschland entscheiden sich ganz bewusst dafür, das eben genannte in der Ernährung zu streichen.

Ovovegetarier: Sie ernähren sich ebenfalls ohne Fleisch und Fisch. Zusätzlich auch ohne Milch und Milchprodukte. Manche Ovovegetarier verzichten aus ethischen Gründen, weil beispielsweise manche Käsearten mit tierischem Lab hergestellt werden, andere schlicht deshalb, weil eine Unverträglichkeit vorliegt.

Laktovegetarier: Fleisch und Fisch tauchen ebenso wenig auf der Einkaufsliste von Laktovegetariern auf wie Eier. Milch und deren Produkte dagegen schon. Die meisten tun dies aus Überzeugung, einige allerdings aus der Not heraus, weil sie auf Bestandteile im Ei allergisch reagieren.

Veganer: Wer vor seinem inneren Auge das Bild esoterischer, rappeldürrer Menschen mit Verzichtsmund hat, dürfte eines Besseren belehrt werden, wenn er beispielsweise Kraftsportler sieht, die seit Jahrzehnten Veganer sind. Ein wachsender Anteil der Bevölkerung im deutschsprachigen Raum verzichtet komplett auf Tierisches in der Ernährung. Während die Vitamin-B$_{12}$- und Eisenversorgung früher als problematisch angesehen wurde, ist man heutzutage überzeugt, dass eine ausgewogene vegane Ernährung ebenso möglich ist. Für viele Veganer beschränkt sich ihre Entscheidung nicht nur auf das Essen und Trinken, auch Kosmetika oder Kleidung und Möbel sind dann völlig frei von tierischen Produkten.

Rohköstler: Auch unter Raw Food bekannt. Grundsätzlich ist hier erst einmal alles erlaubt. Jedenfalls, solange es bei der Zubereitung nicht über 40 Grad erhitzt wurde und somit noch alle hitzeempfindlichen Nährstoffe enthält. Fleisch und Fisch sind hiervon nicht ausgenommen, wenn denn die Temperatur stimmt. Allerdings ernähren sich die meisten Rohkost-Fans vegetarisch oder vegan.

Frutarier: Da sie die Pflanzen nicht schädigen wollen, sind auf ihrem Speiseplan fast ausschließlich Fallobst, Samen und Nüsse zu finden. Honig wird allerdings von manchen Frutariern akzeptiert.

Freeganer: Sie sind die „Resteverwerter", die das „Überflüssige" wertschätzen. Hierbei handelt es sich um eine recht junge, konsumkritische Bewegung, die sich zum Ziel gesetzt hat, sich von allem zu ernähren, was nicht mehr gebraucht und entsorgt, beziehungsweise verschenkt wird. Also von Lebensmitteln, die im Handel nicht (mehr) verkauft werden (dürfen) und im Müll landen würden. Aber auch von Privatpersonen gespendete oder eingetauschte Lebensmittel, für die es eigene Onlinebörsen gibt, gehören auf ihren Speiseplan. Hauptziel: auf die Verschwendungssucht unserer Konsumgesellschaft hinzuweisen.

Es geht auch anders

Wer Rezepte nachkochen möchte und dabei bestimmte tierische Produkte durch pflanzliche Alternativen ersetzen will, findet hier eine Übersicht über die gängigsten „Tauschmittel".

„Variationen von der Sojabohne" – Tofu & Co.

Tofu wird aus Sojadrink hergestellt. Den erhitzten und geronnenen Bestandteilen wird das Wasser entzogen und so eine gewisse Festigkeit verliehen. Je nach entzogenem Anteil hat Tofu eine andere Konsistenz. Eine Besonderheit ist hierbei der Seidentofu. Mit seinem hohen Wasseranteil eignet er sich hervorragend für Saucen, Aufstriche oder Desserts. Wollen Sie sich einmal an der Herstellung von Seidentofu probieren, werfen Sie einen Blick auf Seite 26. Ideen für weitere Varianten finden Sie auf den folgenden Rezeptseiten, z. B. den Cashew-Tofu-Streich (s. S. 34). Ein weiterer Abkömmling der Sojaprodukte, quasi eine Art geistiger Verwandter des Sojaquarks, ist Tempeh. Eine durch Schimmelpilzkulturen eingeleitete Fermentation lässt aus gekochten Sojabohnen eine mit Vitamin B_{12} angereicherte feste Masse entstehen. Kräftig gewürzt und in Scheiben geschnitten wird Tempeh vor allem in der indonesischen Küche verwendet.

„Schmackhafter Fleischersatz" – Seitan

Das für die hervorragenden Klebereigenschaften im Weizenmehl verantwortliche Gluten spielt in der Seitanproduktion die Hauptrolle. Sie können ihn selbst herstellen, siehe Seite 29, oder selbstverständlich auch fertig kaufen. Wie beim Tofu gilt auch beim Seitan: nicht beim Würzen sparen! Selbst gemachter Seitan kann je nach Vorliebe in die unterschiedlichsten Formen gebracht werden. Bereiten Sie gleich eine größere Menge zu und frieren Sie einen Teil ein. Tipp: Seitanscheiben schmecken angebraten auch hervorragend auf Brot.

„Pflanzliche Bindemittel" – Algen, Samen & Co.

Agar-Agar (E 406): Das aus Rotalgen gewonnene Geliermittel übernimmt die Aufgabe der Gelatine. Kalt in Flüssigkeit angerührt, wird es kurz aufgekocht und anschließend mit der zu bindenden Masse verrührt. Beim Auskühlen startet dann der Gelierprozess, der ebenso reversibel ist wie bei Gelatine. Sollten Sie also einmal zu viel Agar-Agar zugegeben haben, erhitzen Sie die Masse einfach erneut und fügen noch etwas Flüssigkeit hinzu.

Carrageen (E 407): Ein weiterer Vertreter aus dem Reich der Meeresalgen. Oft als Tortenguss verwendet, geliert Carrageen bereits im heißen Zustand, man muss daher zügig arbeiten, dafür verflüssigt es sich bei sommerlichen Temperaturen nicht sofort.

Guarkernmehl (E 412): Das aus den Samen der Guarpflanze gewonnene Bindemittel wird verwendet, um kalte oder warme Saucen, Suppen und Cremes anzudicken. Durch seine wasserbindenden Eigenschaften sorgt es auch in Gebackenem für eine anhaltende Saftigkeit. Verwendet wird es wie Johannisbrotkernmehl.

Johannisbrotkernmehl (E 410): Ähnlich dem Guarkernmehl wird das Verdickungsmittel aus Samen des Johannisbrotbaumes gewonnen. Es bindet wie dieses sofort in kalten und warmen Speisen. Deshalb muss es unter ständigem Rühren hinzugefügt werden, damit es nicht klumpt. Am besten rühren Sie es vorher in etwas Flüssigkeit glatt.

Pektin (E 440): In unterschiedlichen Konzentrationen sind Pektine in allen Pflanzen vorhanden, insbesondere jedoch in Äpfeln, Quitten und Zitrusfrüchten. Gelierpulver enthält Pektin, das mit Stärke und Säuren vermischt ist und in der Regel in der Konfitürenküche verwendet wird. In Apotheken und Reformhäusern lässt sich aber auch reines Apfel- oder Citruspektin kaufen, für einen stärkefreien Geschmack das geeignetere Mittel.

Gellan (E 418): Das aus der Molekularküche bekannte Gellan wird als Gelier- und Verdickungsmittel verwendet. Wie Xanthan wird es mithilfe von Bakterien gewonnen. Es ist vor allem perfekt zur Herstellung von extrem hitzebeständigen Gelen. Zuvor muss es mit der zu bindenden Flüssigkeit erhitzt werden.

Xanthan (E 415): Ähnlich dem Gellan sind auch bei diesem Verdickungsmittel Mikroorganismen am Werk. Sie sorgen dafür, dass sich Polysaccharidketten bilden, die in Verbindung mit Flüssigkeiten für den Geliervorgang verantwortlich sind.

Tauschtabelle

In Rolf Caviezels Rezepten finden Sie Vorschläge, wie sich Eier, Milch und Sahne problemlos austauschen lassen. Wollen Sie aber einmal andere Rezepte ausprobieren, z. B. einen Geburtstagskuchen ohne Ei oder ein Müsli ohne Kuhmilch, finden Sie hier eine kurze Übersicht über mögliche Alternativen. Und natürlich können Sie sich von den Beispielrezepten inspirieren lassen für eine eigene Version Ihrer Veggie-Küche!

Originalzutat	Ersetzen z. B. durch…	Wird verwendet z. B. in…
Ei	Apfel- oder Bananenmus	Kichererbsen-Bananenbällchen (s. S. 108), Blaue Mais-Crêpes (s. S. 159)
Fleisch	Seitan, Tofu	Gebratener Seitan mit gegrilltem Blumenkohlpüree (s. S. 129), Gefüllte Pilz-Tofutaschen auf Chinakohlbeet (s. S. 97)
Gelatine	Gellan, Johannisbrotkernmehl, Xanthan	Basilikum-Apfel-Espuma (s. S. 62)
Milch	Haferdink, Nussdrink, Sojadrink	Nussiger Schokoaufstrich (s. S. 37), Kokos-Thaicurry-Schaumsüppchen (s. S. 68), Tomato-Haferdrink (s. S. 58)
Schlagsahne	Sojadrink, Soja-Schlagcreme	Mais-Salat-Röllchen (s. S. 91)

Stolperfallen

Wenn Sie sich im Supermarkt mal auf die Suche nach vegetarischen und veganen Produkten machen, können Sie gelegentlich nicht immer auf den ersten Blick erkennen, ob Sie wirklich etwas fleisch- bzw. tierfreies in den Händen halten. Gerade bei weiterverarbeiteten Lebensmitteln werden im Herstellungsprozess nicht immer tierfreie Hilfsmittel verwendet.

Bei der Herstellung von **Wein**, **Weinessig** und **Säften** wird in vielen Fällen beispielsweise Gelatine zum Klären verwendet. Da sie nach dem Prozess wieder entfernt wird, muss sie so auch nicht als Zutat deklariert werden. Weinstein, der als Triebmittel eingesetzt wird, kann bei der Entstehung im Jungwein mit Gelatine in Kontakt gekommen sein.

Bei der **Zucker**produktion findet unter Umständen Tierkohle als Bleichmittel Verwendung. Schwierig wird es insbesondere dann, wenn in verarbeiteten Lebensmitteln gebleichter Zucker zugesetzt ist, die Auskunft kann in dem Fall nur der Hersteller erteilen.

Auch vermeintlich „gesunde" Lebensmittel, die extra mit dem Zusatz von **Vitaminen und Mineralstoffen** werben, enthalten oftmals Gelatine, die als **Trägerstoff** für die eingeschleusten Nährstoffe genutzt wird und in dieser Funktion ebenfalls nicht deklariert werden muss.

Farbstoffe in Lebensmitteln können tierischen Ursprungs sein, beispielweise echtes Karmin, das aus weiblichen Scharlach-Schildläusen gewonnen wird. Gewachstes Obst kann etwa mit **Schellack** überzogen sein, der ebenfalls von Läusen stammt.

Eingesetzte **Fette** in Margarinen, Süßwaren und sonstigen Lebensmitteln können sowohl pflanzlichen als auch tierischen Ursprungs sein, die Quelle ist nicht immer explizit auf der Verpackung ausgewiesen.

Insbesondere die Suche nach veganen Lebensmitteln fällt oft schwer. Für Backwaren, speziell bei solchen aus Vollkorn, wird zur Teiglockerung in manchen Fällen auf **Backferment** zurückgegriffen, das, neben Weizenmehl, auch Honig enthält. Man könnte meinen, dass Sojaprodukte, die sich insbesondere unter Veganern großer Beliebtheit erfreuen, grundsätzlich nur aus pflanzlichen Bestandteilen bestehen. Doch auch hier finden sich bisweilen in der Verarbeitung tierische Produkte. So werden beispielsweise für manchen **Sojajoghurt** die Kulturen auf nicht-veganen Nährlösungen gezüchtet. In diesen Fällen hilft nur die Nachfrage bei den Herstellern, sofern die Lebensmittel auf den Verpackungen nicht ausdrücklich als vegan gekennzeichnet sind.

Wer ganz sicher sein will, hat nur eine einzige Wahl, nämlich die, alles soweit wie möglich selbst zu machen. So bestimmen Sie, was drin ist und vor allem, wie es schmecken soll. Das ist gar nicht so schwer oder gar besonders aufwendig. Werfen Sie einfach mal einen Blick in das Kapitel Basics. Dort wird ausführlich beschrieben, wie Sie Ihre Basiszutaten ganz leicht selber herstellen können.

Einkaufsratgeber – Ihr Dolmetscher für die Zutatenliste

Wichtig für	Lebensmittel- bzw. Zutatenstolperfalle	Was ist drin?	Was tun!
veggie **vegan**	Angereicherte Lebensmittel (Zusatz von Vitaminen und Mineralstoffen)	Als Trägersubstanz für Vitamine und Mineralstoffe können tierische Produkte, wie z. B. Gelatine, verwendet worden sein	Produkte ohne Zusätze verwenden oder beim Hersteller erfragen
vegan	Backferment	Backferment zur Teiglockerung, z. B. von Brotteig, kann Honig enthalten	veganes Backferment verwenden, auf Kennzeichnung bzw. Zutatenliste achten
veggie **vegan**	Essig, z. B. Weinessig, Apfelessig	Einsatz von Gelatine beim Klärvorgang	ungeklärten, naturtrüben Essig verwenden oder beim Hersteller erfragen
veggie **vegan**	Glasur (E 904) von z. B. Schokolade, Kaugummi, Apfel etc.	Schellack (E 904), Ausscheidung der Lackschildlaus	bei der Zutatenliste auf die E-Nummer achten und auf unbehandeltes Obst zurückgreifen
veggie **vegan**	Saft (Obst & Gemüse)	Einsatz von Gelatine beim Klärvorgang	Direktsaft oder naturtrübe Säfte verwenden, im Zweifelsfall beim Hersteller erfragen
veggie **vegan**	Rote Lebensmittelfarbe (E 120)	Einsatz des Farbstoffs Karmin (E 120), z. B. in Süßigkeiten und Getränken, wird aus Läusen gewonnen	auf Produkte mit pflanzlichen Farbstoffen achten
vegan	Sojajoghurt	Joghurtkulturen können auf milchhaltiger Nährlösung kultiviert worden sein	beim Hersteller erfragen, auf Kennzeichnung bzw. Zutatenliste achten

Wichtig für	Lebensmittel- bzw. Zutatenstolperfalle	Was ist drin?	Was tun!
veggie **vegan**	Wein	Einsatz von Gelatine beim Klärvorgang	beim Hersteller erfragen
veggie **vegan**	Weinstein	Weinstein (E 354 und E 336) ist als Bestandteil von Backtriebmitteln in z. B. Kuchen, Brot etc. enthalten und kann auch mit Gelatine in Berührung gekommen sein	beim Hersteller erfragen, andere Backtriebmittel benutzen, z. B. Natron
veggie **vegan**	Zucker/Puderzucker	evtl. gebleicht mit Tierkohle	Rohrohrzucker bzw. Puderzucker aus Rohrohrzucker verwenden

Kennzeichnung vegetarischer oder veganer Lebensmittel

V-Label: Das V-Label ist eine international geschützte Marke, die von der Europäischen Vegetarier-Union (EVU) entwickelt wurde. Es wird in Deutschland vom Vegetarierbund Deutschland e.V. (VEBU) vergeben. Die Hersteller sind verpflichtet, die verwendeten Zutaten, Hilfs- und Trägerstoffe sowie die weiteren Zusätze offenzulegen.

Das Label wird noch durch die entsprechende Klassifizierung ergänzt:

„vegetarisch" – ovolaktovegetarisch
„milchfrei" – ovovegetarisch
„eifrei" – laktovegetarisch
„vegan" – 100 % pflanzlich

Bislang gibt es bedauerlicherweise innerhalb der Europäischen Union keine einheitlich rechtsverbindliche Definition der Begriffe. Die jeweilige labelvergebende Organisation bestimmt letztendlich, wie genau die Kriterien eingehalten werden müssen. Ein Beispiel ist hierfür die Diskussion um den bereits erwähnten Weinstein in veganen Lebensmitteln. Die Fülle der verschiedenen Lieferanten für Weinstein und die unterschiedlichen Methoden, bei denen nicht immer ausgeschlossen werden kann, dass der Jungwein nicht schon vor dem ersten Abstich mit Gelatine vorbehandelt wurde, zeigen die Grenzen der Kontrollmöglichkeiten auf.

Ob vegetarisch oder vegan – alle Gerichte in diesem Buch lassen sich unkompliziert abwandeln, Zutaten sind schnell ausgetauscht.

Veggie — Vegetarische Gemüseküche mit Grundzutaten wie Eier, Honig und Milchprodukte.

Vegan — Vegan kochen und genießen ohne tierische Produkte.

Veggie **Vegan** — Diese Rezepte kann man entweder so oder so zubereiten. Einfach die entsprechenden Grundzutaten auswählen und los geht's!

basics basi

cs basics

Vegan

Sojadrink

Zutaten für 1,5 l
(Standzeit mind. 8 Stunden)

500 g getrocknete Sojabohnen

Zubereitung

Sojabohnen mit reichlich Wasser bedeckt mindestens 8 Stunden, jedoch am besten über Nacht einweichen, danach abschütten und mit kaltem Wasser abspülen.

Die Bohnen abwiegen und in einen Standmixer geben. Entsprechend dem Bohnengewicht mit der 2,5-fachen Menge Wasser aufgießen und fein mixen.

Dann in einem Topf kurz aufkochen und ca. 15 Minuten bei mittlerer Temperatur leicht köcheln lassen. Anschließend durch ein feines Sieb oder ein sauberes Küchenhandtuch passieren. Den Sojadrink auffangen und direkt verwenden oder in ein verschließbares Gefäß abfüllen. Kalt gestellt hält er sich bis zu 1 Woche.

Den Sojadrink als Milchersatz verwenden und alternativ in Suppen, Saucen und Süßspeisen wie z. B. Vanillecreme (s. S. 147) oder Basilikum-Apfel-Espuma (s. S. 62) verarbeiten.

„Sojakleie/Okara"

Die Sojastückchen, die im Sieb oder im Tuch zurückbleiben, nennt man Okara. Sie können getrocknet werden und so gut als eine Art Kleie für andere „Gerichte" eingesetzt werden, wie etwa für Müsli.

Haferdrink

Nussdrink

Zutaten für ca. 300 ml

500 ml Wasser
30 g Haferflocken

Zubereitung

250 ml Wasser in einen Topf gießen, aufkochen, die Haferflocken zugeben und verrühren. Von der Kochstelle nehmen und ca. 20 Minuten ziehen lassen.

Die angerührten Haferflocken durch ein feines Sieb oder sauberes Küchenhandtuch passieren und die abtropfende Flüssigkeit auffangen. Mit dem restlichen Wasser nach und nach aufgießen, sodass eine milchartige Flüssigkeit entsteht. Den Haferdrink in ein verschließbares Gefäß abfüllen. Kalt gestellt hält er sich bis zu 1 Woche.

Vielseitig einsetzbar

Den Haferdrink nach Belieben noch mit etwas Agavendicksaft süßen oder pikant als Tomato-Haferdrink (s. S. 58) servieren. Auch geeignet als Ausbackteig (s. S. 144).

Zutaten für ca. 400 ml
(Standzeit ca. 8 Stunden)

100 g Nüsse (z. B. Haselnüsse oder Mandeln)
400 ml Wasser
Süßungsmittel, nach Belieben (z. B. Agavendicksaft, Ahornsirup, Birkenzucker)

Zubereitung

Die Nüsse mit dem Wasser in ein Gefäß geben und ca. 8 Stunden einweichen. Nach der Einweichzeit die Nüsse mit dem Wasser in einen Standmixer geben und fein mixen.

Dann durch ein feines Sieb oder sauberes Küchenhandtuch passieren und die abtropfende Flüssigkeit auffangen. Den Haselnuss- bzw. Mandeldrink nach Belieben süßen und in ein verschließbares Gefäß abfüllen. Kalt gestellt hält er sich bis zu 1 Woche. Oder gleich weiterverarbeiten, etwa im Nuss-Bananen-Shake (s. S. 53) oder Tropica-Drink (s. S. 53).

Erdnussdrink

Für einen Erdnussdrink eignen sich ungesalzene geröstete Erdnüsse am besten. 100 g Erdnüsse mit 400 ml Wasser, wie im Rezept Nussdrink beschrieben, zu einem Drink verarbeiten. Dann kalt stellen oder direkt weiterverarbeiten, z. B. zu einem süßen Brotaufstrich (s. S. 37).

Nussknusper

Die Nussstückchen, die im Sieb oder im Tuch zurückbleiben, können im Backofen bei geringer Temperatur getrocknet und für andere Gerichte als Knusperelement verwendet werden. Nach Belieben noch warm mit Zimt und Zucker oder pikant mit Salz, Chili- oder 5-Gewürze-Pulver würzen.

Soja-Schlag-creme

Zutaten für ca. 250 ml

150 ml kalter Sojadrink (s. S. 18)
1 EL Zitronensaft
ca. 120 ml neutrales Pflanzenöl

Zubereitung

Den Sojadrink mit Zitronensaft mischen und kurz gerinnen lassen. Anschließend mit einem Stabmixer aufschlagen, dabei langsam das Öl einlaufen lassen, bis eine luftige, homogene Masse entsteht. Sofort verwenden.

Noch mehr Schlag

Für eine noch luftigere Konsistenz die Soja-Schlagcreme in einen Sahnespender geben und verschließen. Nach Belieben kalt stellen oder sofort mit zwei Sahne-Kapseln (N_2O) begasen.

Mandelcreme

Zutaten für ca. 250 ml
(Standzeit ca. 24 Stunden)

60 g geschälte Mandeln
150 ml Wasser
50 ml neutrales Pflanzenöl

Zubereitung

Die Mandeln im Wasser ca. 24 Stunden einweichen. Danach mit dem Einweichwasser in einem Standmixer fein pürieren, dabei langsam das Öl einlaufen lassen, bis eine homogene Masse entsteht. Sofort verwenden oder in ein verschließbares Gefäß geben. Im Kühlschrank hält sich die Creme ca. 5 Tage.

Gut verfeinert

Die Mandelcreme eignet sich sehr gut zum Verfeinern von Saucen und Süßspeisen. Allerdings nicht zum Aufschlagen, dafür die Soja-Schlagcreme verwenden!

Mandelaufstrich

Zutaten für ca. 200 g

200 g geschälte Mandeln

Zubereitung

Die Mandeln in einen Standmixer geben und fein mixen. Ab und zu den Mixer ausschalten und die zerkleinerten Mandeln von der Seite wieder in die Mitte geben.

Nach ca. 15–20 Minuten entsteht eine butterähnliche Masse, die als Grundprodukt weiterverwendet werden kann, z. B. für den Mandel-Kräuter-Aufstrich auf Seite 34. Oder einfach sofort genießen auf frischem Brot. Zur Aufbewahrung in ein verschließbares Gefäß geben. Im Kühlschrank hält sich der Aufstrich ca. 5 Tage.

Mandelmus

Fügt man der gemixten Mandelmasse noch 2 EL neutrales Pflanzenöl zu, entsteht ein Mandelmus mit einer feinen, cremigen Konsistenz, das für Desserts eingesetzt werden kann, z. B. für den Mandel-Feigen-Riegel (s. S. 156) oder als Füllung für Zucchiniblüten (s. S. 103).

Schwarztee mit Mandel-Kardamom-Note

Mit dem Mandelmus lassen sich auch Getränke verfeinern: Für 2 Tassen aromatisierten Schwarztee 1 Earl-Grey-Teebeutel mit 300 ml Wasser aufbrühen und mit 3 Kardamomkapseln ca. 5 Minuten ziehen lassen. Dann durch ein Sieb gießen, 3 EL Mandelmus zugeben und mit einem Stabmixer fein pürieren. Nach Belieben süßen und genießen.

Haselnuss-aufstrich

Zutaten für ca. 200 g

200 g geschälte Haselnüsse

Zubereitung

Die Haselnüsse in einen Standmixer geben und fein mixen. Ab und zu den Mixer ausschalten und die zerkleinerten Nüsse von der Seite wieder in die Mitte geben.

Nach ca. 15–20 Minuten entsteht eine butterähnliche Masse, die als Grundprodukt weiterverwendet werden kann, zum Beispiel für Nuss-Avocado-Schokokugeln (s. S. 152). Zur Aufbewahrung in ein verschließbares Gefäß geben. Im Kühlschrank hält sich der Aufstrich ca. 5 Tage.

Nussgenuss

Anstelle der Haselnüsse lassen sich z. B. auch geschälte Erdnüsse oder Cashewkerne verwenden. Vermixt man noch 2 EL Rapsöl mit den Nüssen, erhält man ein feines, cremiges Nussmus.

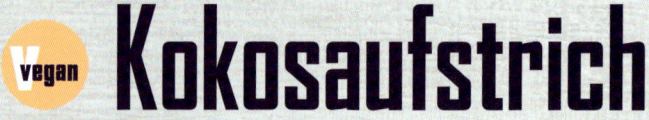

Kokosaufstrich

Zutaten für ca. 300 g
(Standzeit mind. 4 Stunden)

140 ml Kokosöl
40 ml neutrales Pflanzenöl
100 ml Sojadrink (s. S. 18)
3 g Sojalecithin
1 g Xanthan
Salz

Zubereitung

Die Öle mit dem Sojadrink in einen Topf geben. Sojalecithin und Xanthan mit einem Schneebesen einrühren und das Ganze unter ständigem Rühren kurz heiß werden lassen.

Mit 1 Prise Salz würzen. In eine mit kaltem Wasser ausgespülte rechteckige Form gießen, abkühlen lassen und mindestens 4 Stunden im Kühlschrank kalt stellen. Der butterähnliche Aufstrich hält sich gekühlt ca. 3 Tage. Er eignet sich auch zum Braten.

Basis-Aufstrich

Je nach verwendetem Kokosöl kann das charakteristische Kokosaroma unterschiedlich stark hervorstechen. Für eine mildere Variante die Hälfte des Kokosöls durch geschmacksneutrales Öl ersetzen und wie beschrieben zubereiten. Oder nach Wunsch durch gezielten Einsatz von kalt gepressten Ölen einen aromatischen Akzent setzen.

 # Blitz-Mayo

Zutaten für ca. 300 g

200 ml frischer Sojadrink (s. S. 18)
130 ml neutrales Pflanzenöl
Saft von ½ Zitrone
Salz
2 Sahne-Kapseln (N$_2$O)

Zubereitung

Sojadrink mit Öl, Zitronensaft und 1 Prise Salz verrühren, in einen Sahnespender geben und mit den Patronen begasen. Fertig ist die vegane Mayo.

 # Mixed Mayo

Zutaten für ca. 300 g

100 ml kalter Sojadrink (s. S. 18)
ca. 250 ml kaltes neutrales Pflanzenöl
Salz, Pfeffer

Zubereitung

Sojadrink in einen hohen Becher geben. Mit einem Stabmixer aufschlagen, dabei langsam das Öl einlaufen lassen, bis eine homogene Masse entsteht. Mit Salz und Pfeffer abschmecken.

So bleibt's stabil!

Für eine stabile Mayo sollten Sojadrink und Öl mindestens 1 Stunde vor der Verarbeitung im Kühlschrank kalt gestellt werden.

 # Veggie-Mayo

Zutaten für ca. 200 g

1 frisches Eigelb
1 Spritzer Zitronensaft
1 Spritzer Weißweinessig
2 TL Senf
ca. 200 ml neutrales Pflanzenöl
Salz, Pfeffer

Zubereitung

Eigelb mit Zitronensaft, Weißweinessig und Senf in einen hohen Becher geben und mit einem Stabmixer aufschlagen. Dabei langsam das Öl einlaufen lassen, bis eine homogene Masse entsteht. Mit Salz und Pfeffer abschmecken. Bitte beachten: Die Mayo ist gekühlt nur ca. 2 Tage haltbar!

Rejuvelac / hausgemachter Brotdrink

Zutaten für ca. 1 l
(Standzeit ca. 48 Stunden)

80 g keimfähiges Getreide
(Sprießkornqualität, z. B. Quinoa,
Weizen, Dinkel)
1 l Wasser
1 TL Zitronensaft

Zubereitung

Alle Zutaten in ein Glasgefäß geben und
ca. 48 Stunden abgedeckt, jedoch nicht
luftdicht verschlossen, bei Zimmertempe-
ratur stehen lassen.

Danach durch ein Sieb gießen und die
Flüssigkeit sofort weiter verwenden oder
in Schraubgläser abfüllen und kalt stellen.
Das Getreide kann für zwei weitere Ansätze
nochmals verwendet werden.

Fix aufbewahrt

Der Brotdrink hält sich gekühlt ca. 5 Tage.
Er dient als Grundprodukt für selbst ge-
machten Yofu, eignet sich aber auch
für die Käseherstellung oder als Getränk.
Zudem kann er in kleinen Portionen wie z. B.
in Eiswürfelbehältern eingefroren werden.

Yofu selbst gemacht

Zutaten für ca. 500 g
(Standzeit ca. 13 Stunden)

500 ml frischer Sojadrink (s. S. 18)
60 ml Rejuvelac/Brotdrink (s. links)

Zubereitung

Den Sojadrink auf 40 °C erwärmen und
den Rejuvelac bzw. Brotdrink einrühren.
Dann alles in einen Thermobecher oder
eine Thermoskanne gießen und abgedeckt
an einem warmen Ort ca. 10 Stunden
stehen lassen. Damit der Sojajoghurt
stichfest wird, nochmals ca. 3 Stunden
im Kühlschrank kalt stellen.

Yofu-Müsli

Den Yofu mit etwas getrocknetem Okara
(s. S. 18) oder den Nussresten der Drinks
(s. S. 19) aufpeppen und nach Lust und
Laune mit Birkenzucker oder Agavendicksaft süßen. Dazu noch frisches Obst wie
z. B. Beeren oder Kompott reichen.

vegan

Gemüsebrühe

Zutaten für ca. 1,5 l

2 Zwiebeln
1 Stange Lauch
100 g Staudensellerie
4 Karotten
1 Bund Petersilie
3 Knoblauchzehen
3 EL Sonnenblumenöl
2 Lorbeerblätter
4 Wacholderbeeren
Salz
1 TL Pfefferkörner
2 l Wasser

Zubereitung

Die Zwiebeln schälen. Lauch, Staudensellerie und Karotten putzen und waschen. Das gesamte Gemüse in grobe Stücke schneiden. Petersilie waschen und trocken schütteln. Knoblauchzehen schälen und mit einem Messer andrücken.

In einem großen Topf das Sonnenblumenöl erhitzen. Zwiebeln darin glasig andünsten. Gemüse und Knoblauchzehen zugeben und ca. 5 Minuten mitdünsten.

Lorbeerblätter, Wacholderbeeren, Petersilie, 2 EL Salz und Pfefferkörner zugeben. Wasser zugießen und alles aufkochen. Ca. 30 Minuten bei mittlerer Temperatur köcheln lassen.

Die Brühe durch ein Sieb gießen und abschmecken.

Basis-Brühe

Die Gemüsebrühe ist die Basis für viele Rezepte in diesem Buch. Im Kühlschrank hält sie sich bis zu 3 Tage oder lässt sich einfach auf Vorrat einfrieren. Die Brühe lässt sich auch aus Gemüseabschnitten oder Schalen herstellen, so hat man eine tolle Resteverwertung.

Tofu / Seidentofu

Zutaten für ca. 250 g
(Standzeit ca. 75 Minuten)

1 l frischer Sojadrink (s. S. 18)
Saft von ½ Limette

Zubereitung

Den Sojadrink in einem Topf zum Sieden bringen, jedoch nicht kochen. Limettensaft zugießen, den Topf von der Kochstelle nehmen und ca. 15 Minuten stehen lassen.

Ein Sieb mit einem sauberen Küchentuch auslegen und den entstandenen Sojabruch mit der „Molke" hineingießen. Dann ca. 1 Stunde gut abtropfen lassen, bis nahezu die gesamte Flüssigkeit abgetropft ist. Falls die Masse noch zu weich sein sollte, das Tuch vorsichtig etwas ausdrücken.

Die ausgekühlte Masse in eine verschließbare Form umfüllen und im Kühlschrank fest werden lassen. Die Konsistenz ist ganz davon abhängig, wieviel Feuchtigkeit aus der Sojamasse gepresst wird. Bei einer nicht so starken Pressung ist der Tofu vergleichbar mit der Konsistenz von Quark und wird auch als Seidentofu bezeichnet.

Tofu – der Allrounder

Da Tofu relativ neutral schmeckt, lässt er sich vielseitig verwenden. Einfach einmal ausprobieren: Cashew-Tofu-Streich (s. S. 34), Zucchini-Kürbis-Gratin (s. S. 123) oder die Cashew-Vanille-Küchlein (s. S. 160).

Wenn's mal schnell gehen muss…

Statt selbst gemachtem Sojadrink lässt sich auch gekaufter verwenden.

Seitan

Zutaten für ca. 500 g

Seitan
250 g Gluten- bzw. Seitanpulver
250 ml Wasser

Brühe
1 Zwiebel
2 Knoblauchzehen
2 Nelken
2 Lorbeerblätter
100 ml Sojasauce
ca. 2 l Gemüsebrühe (s. S. 25)
Salz

Zubereitung

Das Pulver in eine Schüssel geben und unter Rühren das Wasser nach und nach zugießen. So lange rühren, bis ein homogener Teig entsteht und die entstandene Seitanmasse kurz ruhen lassen.

In der Zwischenzeit die Zwiebel schälen, halbieren und in Spalten schneiden. Die Knoblauchzehen schälen. Die Nelken in die Lorbeerblätter spicken. Alle vorbereiteten Zutaten mit der Sojasauce in einen Topf geben, die Gemüsebrühe zugießen, bis alles bedeckt ist, und kräftig mit Salz würzen, damit der Seitan viel Geschmack annehmen kann. Alles zusammen aufkochen.

Die Seitanmasse zu einer Rolle formen, in ein sauberes Küchenhandtuch wickeln und die beiden Enden mit Küchengarn zubinden. So „verpackt" in die siedende Brühe geben und bei mittlerer Temperatur ca. 1 Stunde garen. Dann herausnehmen, vollständig auskühlen lassen und auswickeln. Den Seitan nach Belieben weiterverarbeiten, z. B. gebraten mit Gemüse und gegrilltem Blumenkohlpüree (s. S. 129). Luftdicht verpackt hält er sich im Kühlschrank ca. 2 Wochen.

Glutenpulver selbst gemacht!

Diese Variante erfordert etwas Geschick und Ausdauer, da man aus dem Weizenmehl (Type 405) durch wiederholtes Waschen das Gluten gewinnen muss. Dafür 1 kg Weizenmehl mit 1 l Wasser verkneten und den Teig ca. 1 Stunde ruhen lassen. Danach in ein Sieb geben und so lange unter fließendem Wasser weiterkneten, bis die abtropfende Flüssigkeit nahezu klar ist und der Teig eine schwammige Konsistenz hat.

gib mir w

as aufs brot

Vegan

Erbsen-Hummus

Zutaten für ca. 300 g

100 g tiefgefrorene Erbsen
3 Stängel glatte Petersilie oder Koriander
100 g gekochte Kichererbsen
80 ml kalt gepresstes Olivenöl
Salz, Pfeffer
Kreuzkümmelpulver, nach Belieben

Zubereitung

Die Erbsen auftauen lassen. Die Petersilie bzw. den Koriander waschen, trocken schütteln, die Blättchen von den Stängeln zupfen und fein hacken.

Erbsen, Kichererbsen und Olivenöl mit einem Stabmixer fein pürieren. Dann die Petersilie bzw. den Koriander unterrühren, nach Belieben nochmals pürieren oder direkt mit Salz, Pfeffer und Kreuzkümmel kräftig abschmecken.

Das Erbsen-Hummus sofort genießen und auf geröstete Baguette- oder Brotscheiben streichen. Oder in ein verschließbares Gefäß füllen und im Kühlschrank aufbewahren. Es hält sich ca. 5 Tage.

Feine Kräuternote

Koriander gibt dem Erbsen-Hummus eine leicht zitronenartige Schärfe. Wem das nicht zusagt, sollte lieber Petersilie verwenden, die ebenfalls gut zu dem Erbsenaroma passt.

Pikant variiert

Wer es noch etwas pikanter mag, püriert 1 geschälte Knoblauchzehe mit und schmeckt das Hummus zusätzlich mit etwas rosenscharfem Paprika- oder Chilipulver ab. Für eine leichte Sesamnote noch einen Klecks Tahina (s. rechts) unterrühren.

Tahina / Sesampaste

Zutaten für ca. 250 g

250 g Sesamsamen

Zubereitung

Die Sesamsamen in einen Standmixer geben und ca. 15–20 Minuten pürieren, bis eine homogene Paste entsteht. Durch die Wärme tritt das Öl aus und es entsteht eine cremige Konsistenz. Die Tahina direkt weiterverarbeiten oder in ein verschließbares Gefäß umfüllen. Kalt gestellt hält sich die Sesampaste ca. 1 Woche.

Vor der Verwendung einfach noch einmal gut aufrühren, da sich das Öl absetzt.

Echt würzig!

Die Tahina lässt sich prima verfeinern: ganz klassisch mit Salz und Pfeffer, für eine orientalische Note mit Kreuzkümmel oder Ras el Hanout oder aber mit frisch geriebener Muskatnuss. Wer es pikant liebt, würzt mit Chilipulver.

Gelber Sellerieaufstrich

Zutaten für ca. 500 g

½ Knollensellerie mit Grün
100 ml Gemüsebrühe (s. S. 25)
3 EL Tahina (s. links)
Kardamompulver
Kurkumapulver
Salz, Pfeffer

Zubereitung

Den Knollensellerie putzen, das Grün waschen, trocken schütteln, Blätter abzupfen und fein hacken. Den Sellerie schälen und in kleine Würfel schneiden. Die Würfel mit der Gemüsebrühe in einen Topf geben, aufkochen und bei mittlerer Temperatur, je nach Größe der Würfel, ca. 5–10 Minuten weich garen.

Den gegarten Sellerie gut abtropfen lassen und in einem Standmixer pürieren. Tahina sowie je 1 kräftige Prise Kardamom und Kurkuma zugeben und nochmals pürieren. Mit Salz und Pfeffer abschmecken. Den Sellerieaufstrich lauwarm servieren, z. B. auf frisch geröstetem Bier-Brot (s. S. 45) mit dem Sellerie bestreut anrichten. Oder kalt werden lassen, dann das Grün unterheben und nach Bedarf nochmals nachwürzen. Der Aufstrich hält sich verschlossen und gekühlt aufbewahrt ca. 5 Tage.

Frische-Kick

Für einen Hauch Frische im Aufstrich sorgen einige Spritzer Zitronen- oder Limettensaft.

Cashew-Tofu-Streich

Zutaten für ca. 250 g
(Standzeit mind. 6 Stunden)

130 g Cashewkerne (Fairtrade)
½ Bund Schnittlauch
50 g Seidentofu (s. S. 26)
60 ml Wasser
Salz, Pfeffer

Zubereitung

Die Cashewkerne mit reichlich Wasser bedeckt mindestens 6 Stunden einweichen.

Den Schnittlauch waschen, trocken schütteln und in feine Röllchen schneiden. Die Cashewkerne abschütten und abtropfen lassen. Mit dem Seidentofu und dem Wasser in einem Standmixer zu einer cremigen Konsistenz pürieren.

Zum Schluss den Schnittlauch untermischen und kräftig mit Salz und Pfeffer abschmecken. Den Aufstrich sofort genießen oder in ein verschließbares Gefäß füllen. Im Kühlschrank hält er sich ca. 5 Tage.

„Frischkäseersatz"

Einfach diesen Aufstrich ohne Kräuter zubereiten, dann hat man eine Art „Frischkäseersatz", der nach Lust und Laune variiert werden kann. Wer es mit mehr Biss mag, mixt das Ganze etwas stückiger oder rührt alternativ noch 30 g gehackte, geröstete Cashewkerne unter.

Veggie-Variante

50 g Seidentofu durch 50 g Naturfrischkäse ersetzen!

Mandel-Kräuter-Aufstrich

Zutaten für ca. 200 g
(Standzeit ca. 4 Stunden)

½ Zwiebel
1 TL neutrales Pflanzenöl
1 kleine Knoblauchzehe
1 Bund gemischte Kräuter
(z. B. Petersilie, Basilikum, Bärlauch)
165 g Mandelaufstrich (s. S. 21)
1 TL edelsüßes Paprikapulver
1 TL Currypulver
Salz

Zubereitung

Die Zwiebelhälfte schälen und in kleine Würfel schneiden. In einer kleinen Pfanne das Öl erhitzen und die Zwiebelwürfel darin glasig dünsten. Dann etwas auskühlen lassen.

Den Knoblauch schälen und durch eine Presse drücken. Die Kräuter waschen, trocken schütteln, die Blättchen abzupfen und hacken.

Alles in eine Schüssel geben und gut mit dem Mandelaufstrich sowie den Gewürzen vermischen. Mit Salz abschmecken. Die Masse auf ein Stück Frischhaltefolie geben und zu einer Rolle formen. Anschließend in Alufolie einwickeln, um die Rolle zu stabilisieren, dann ca. 4 Stunden kalt stellen.

Mehr als nur ein Aufstrich …

Der Mandel-Kräuter-Aufstrich schmeckt nicht nur auf Brot, sondern kann auch zum Verfeinern von Gemüse oder Gratins verwendet werden.

Veggie-Variante

Für eine Kräuterbutter 165 g Mandelaufstrich durch 165 g weiche Butter austauschen.

Nussiger Schokoaufstrich

Zutaten für ca. 350 g
(Standzeit ca. 24 Stunden)

100 g Zartbitterschokolade (Fairtrade)
30 g getrocknete Feigen
250 ml Erdnussdrink (s. S. 19)

Zubereitung

Die Schokolade grob hacken und in einem Topf oder in einer Schüssel in einem Wasserbad schmelzen. Die Feigen grob hacken.

Den Nussdrink mit den Feigen und der geschmolzenen Schokolade in einen Standmixer geben und fein pürieren. Die Masse in ein verschließbares Gefäß füllen und ca. 24 Stunden kalt stellen. Der Aufstrich hält sich im Kühlschrank aufbewahrt ca. 1 Woche.

Ein Genuss pur auf hellem oder dunklem Brot! Mit ein wenig untergehobener geschlagener Sahne lässt sich der Schokoaufstrich auch als Dessert servieren. Dazu sind in Rotwein geschmorte Zwetschgen ein Knaller.

Mehr Frucht?

Nach Geschmack können die Feigen auch gegen andere getrocknete Früchte ausgetauscht werden. Ganz nach Lust und Laune, z. B. mit Birnen, Cranberrys, Datteln, Kirschen usw.

 ## Vegane Variante

Hierfür einfach 100 g vegane dunkle Schokolade verwenden!

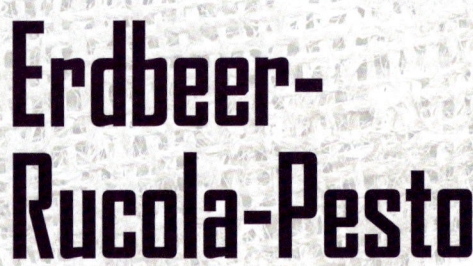

vegan

Erdbeer-Rucola-Pesto

Zutaten für ca. 150 g

150 g Erdbeeren
20 g Rucola
1 Spritzer Zitronensaft
Salz, Pfeffer

Zubereitung

Die Erdbeeren waschen, putzen und grob klein schneiden. Den Rucola putzen, waschen, trocken schleudern und grob hacken.

Beides in einen hohen Becher geben, mit dem Zitronensaft beträufeln und mit je 1 Prise Salz und Pfeffer würzen. Mithilfe eines Stabmixers fein pürieren. Nochmals abschmecken.

Das Pesto hält sich gekühlt ca. 2 Tage. Schmeckt lecker zu süßem oder herzhaftem Brot, passt aber auch als Dip zu Gemüse.

… als Aufstrich

Alternativ das Pesto stückiger zubereiten und als Aufstrich verwenden. Hierzu einige Erdbeeren fein würfeln und zum Schluss unter die pürierte Masse heben.

vegan

Tomatenaufstrich

Zutaten für ca. 150 g

1 Frühlingszwiebel
1 reife Strauchtomate
2 EL kalt gepresstes Rapsöl
1 TL Senf
Salz
Rohrohrzucker (Fairtrade)

Zubereitung

Die Frühlingszwiebel putzen, waschen und grob klein schneiden. Die Tomate waschen, den Strunk entfernen und ebenfalls grob schneiden.

Das vorbereitete Gemüse mit Öl, Senf und je 1 Prise Salz und Zucker mit einem Stabmixer fein pürieren. Nochmals abschmecken.

Der Tomatenaufstrich schmeckt sehr gut auf geröstetem Ciabatta oder der Curry-Focaccia von Seite 40.

Knobi-Note

Wer es etwas pikanter mag, püriert noch 1 geschälte Knoblauchzehe mit.

Curry-Focaccia

vegan

Zutaten für 1 Focaccia
(Standzeit ca. 1 Stunde)

2 Zweige Thymian
1 Knoblauchzehe
1 Würfel (42 g) Hefe
200 ml lauwarmes Wasser
400 g Weizenmehl
2 EL Currypulver
3 EL kalt gepresstes Olivenöl
2 TL Salz
Weizenmehl zum Bearbeiten

Zubereitung

Den Thymian waschen, trocken schütteln und die Blättchen von den Zweigen zupfen. Den Knoblauch schälen und durch eine Presse drücken. Die Hefe im lauwarmen Wasser auflösen.

Das Mehl mit Currypulver, Olivenöl und Salz in die Rührschüssel einer Küchenmaschine geben. Thymian, Knoblauch sowie die aufgelöste Hefe zugießen. Dann alles ca. 10 Minuten zu einem glatten Teig verkneten, bis sich dieser vom Schüsselrand löst.

Dann auf einer leicht bemehlten Arbeitsfläche noch einmal durchkneten und mit einer Teigrolle zu einer ovalen Teigplatte ausrollen. Diese auf ein mit Backpapier belegtes Blech legen und mit einem sauberen, angefeuchteten Küchenhandtuch abdecken. An einem warmen Ort ca. 1 Stunde gehen lassen, bis sich das Volumen deutlich vergrößert hat.

Den Backofen auf 180 °C Umluft vorheizen. Die Focaccia im Backofen auf einer der unteren Schienen ca. 25 Minuten backen, danach herausnehmen und auf einem Kuchengitter auskühlen lassen.

Diese ursprünglich aus Ligurien stammende Spezialität passt super als Beilage, z. B. zu den Kichererbsen-Bananenbällchen (s. S. 108), und ist ein Genuss mit dem Tomatenaufstrich von Seite 39.

Zu jedem Anlass

Für mehr Abwechslung einfach den Teig nach Lust und Laune abwandeln! Zum Beispiel das Currypulver weglassen und den Teig mit anderen Gewürzen wie z. B. Anis, Fenchel oder Kümmel verfeinern. Oder andere Kräuter verwenden wie z. B. Rosmarin, Salbei oder Petersilie. Für eine mediterrane Version eignen sich auch kleingeschnittene getrocknete Tomaten oder Oliven im Teig. So lässt sich die Focaccia passend zu vielen Anlässen variieren.

Tomaten-Rosmarin-Brot

vegan

Zutaten für 1 Brot
(Standzeit ca. 30 Minuten)

2 Zweige Rosmarin
1 Würfel (42 g) Hefe
250 ml lauwarmes Wasser
200 g Weizenmehl (Type 1050)
300 g Weizenvollkornmehl
100 g Tomatenmark
2 TL Salz
Pflanzenöl und Weizenmehl für die Form
Weizenmehl zum Bearbeiten

Zubereitung

Den Rosmarin waschen, trocken schütteln, die Nadeln von den Zweigen zupfen und fein hacken. Die Hefe im lauwarmen Wasser auflösen.

Die beiden Mehle mit dem Tomatenmark und dem Salz in die Rührschüssel einer Küchenmaschine geben. Rosmarin zufügen und die aufgelöste Hefe zugießen. Alles ca. 10 Minuten zu einem glatten Teig verkneten, bis sich dieser vom Schüsselrand löst.

Mit einem sauberen, angefeuchteten Küchenhandtuch abdecken und an einem warmen Ort ca. 30 Minuten gehen lassen, bis sich das Volumen vergrößert hat.

Den Backofen auf 180 °C Umluft vorheizen. Eine Kastenform mit Öl einfetten und mit Mehl bestäuben, überschüssiges Mehl abklopfen.

Den Teig auf einer leicht bemehlten Arbeitsfläche durchkneten, zu einem länglichen Laib formen, in die Form geben und das Brot auf dem Rost auf einer der unteren Schienen ca. 40 Minuten backen. Danach herausnehmen, kurz stehen lassen, aus der Form stürzen und vollständig auskühlen lassen.

Klopf, klopf

Um festzustellen, ob ein Brot fertig gebacken ist, mit dem Fingerknöchel auf die Unterseite klopfen. Klingt es hohl, ist es fertig. Wenn nicht, muss es noch einige Minuten in den Ofen.

 vegan

Mohn-Rucola-Bagels

Zutaten für ca. 8 Stück
(Standzeit ca. 40 Minuten)

30 g Rucola
1 Würfel (42 g) Hefe
300 ml lauwarmes Wasser
500 g Weizenmehl (Type 1050)
3 EL Blaumohn
1 EL Salz
Weizenmehl zum Bearbeiten

Zubereitung

Den Rucola waschen, trocken schütteln und fein hacken. Die Hefe im lauwarmen Wasser auflösen. Weizenmehl mit Mohn, Salz und Rucola in die Rührschüssel einer Küchenmaschine geben. Die aufgelöste Hefe zugießen und alles ca. 10 Minuten zu einem glatten Teig verkneten, bis sich dieser vom Schüsselrand löst.

Den Teig mit einem sauberen, angefeuchteten Küchenhandtuch abdecken und an einem warmen Ort ca. 30 Minuten gehen lassen, bis sich sein Volumen deutlich vergrößert hat.

Den Backofen auf 160 °C Umluft vorheizen. Backbleche mit Backpapier auslegen. Den Teig auf einer leicht bemehlten Arbeitsfläche nochmals kurz kneten und in 8 gleich große Portionen teilen. Diese zu Strängen rollen und die Enden zu einem Ring zusammendrücken. Die Bagels nochmals ca. 10 Minuten gehen lassen.

In einem großen Topf ausreichend Wasser zum Kochen bringen. Die Bagels stückweise darin von jeder Seite ca. 1 Minute kochen. Wichtig: die Zeit genau stoppen! Herausnehmen und auf einem sauberen Küchenhandtuch abtropfen lassen.

Die Bagels auf die vorbereiteten Backbleche legen und nacheinander im Backofen auf mittlerer Schiene ca. 10–15 Minuten hell backen. Herausnehmen und auf Kuchengittern auskühlen lassen. Die Bagels nach Belieben belegen.

Noch mehr Bagels …

Hier sind der geschmacklichen Vorstellungskraft keine Grenzen gesetzt. Erlaubt ist, was gefällt! Nüsse? Samen? Kräuter? Oder auch getrocknete Tomaten? Alles lässt sich in den Teig kneten. So hat man unterschiedliche Bagels für jeden Anlass. Das Gebäck mit dem charakteristischen Loch in der Mitte lässt sich prima auf Vorrat backen und einfrieren!

Bier-Brot

Zutaten für 1 Brot
(Standzeit ca. 40 Minuten)

1 Würfel (42 g) Hefe
100 ml lauwarmes Wasser
200 ml Bier
500 g Weizenmehl
1 EL Salz
Weizenmehl zum Bearbeiten

Zubereitung

Die Hefe im lauwarmen Wasser auflösen. Die restlichen Zutaten in die Rührschüssel einer Küchenmaschine geben und die aufgelöste Hefe zugießen. Dann alles ca. 10 Minuten zu einem glatten Teig verkneten, bis sich dieser vom Schüsselrand löst.

Den Teig auf einer leicht bemehlten Arbeitsfläche nochmals durchkneten und zu einem länglichen Laib formen. Auf ein mit Backpapier belegtes Backblech legen, mit einem sauberen, angefeuchteten Küchenhandtuch abdecken und an einem warmen Ort ca. 40 Minuten gehen lassen, bis sich das Volumen deutlich vergrößert hat.

Den Backofen auf 180 °C Umluft vorheizen. Die Oberfläche des Brots mit einem Messer kreuzförmig einritzen. Im Backofen auf einer der unteren Schienen ca. 45 Minuten backen. Danach herausnehmen und auf einem Kuchengitter auskühlen lassen.

Tierfreies Reinheitsgebot ...

Biere, die nach deutschem Reinheitsgebot gebraut sind, können Veganer bedenkenlos trinken!

 vegan

Frutata-Brot

**Zutaten für 2 große Baguettes
oder 8 kleine Brötchen**

200 g weiße Schokolade (Fairtrade)
150 g entsteinte Datteln (Fairtrade)
170 g getrocknete Feigen
75 g geschälte Mandeln
130 g Weizenmehl
2 TL Backpulver
ca. 50–80 ml Sojadrink (s. S. 18)
Weizenmehl zum Bearbeiten

Zubereitung

Den Backofen auf 180 °C Umluft vorheizen. Ein Backblech mit Backpapier belegen.

Die Schokolade fein hacken. Datteln und Feigen grob vorhacken und mit den Mandeln in einen Standmixer geben und zerkleinern. Mehl und Backpulver mischen, zusammen mit der Schokolade zugeben und nochmals durchmixen, bis ein glatter Teig entsteht. Falls die Masse zu trocken sein sollte, einfach etwas Sojadrink zugießen.

Den Teig auf einer leicht bemehlten Arbeitsfläche kneten, ausrollen und zu 2 großen länglichen Baguettes oder in 8 Portionen teilen und zu kleinen länglichen Brötchen formen. Mit einem angefeuchteten Messer an der Oberfläche längs einritzen. Dann auf ein mit Backpapier belegtes Backblech legen. Im Backofen auf einer der unteren Schienen ca. 15–20 Minuten backen. Herausnehmen und auf einem Kuchengitter abkühlen lassen.

Das Brot eignet sich sehr gut mit einem herzhaften oder süßen Brotaufstrich, aber auch pur als Beilage zu Käse und Obst.

 veggie

Veggie-Variante

Der Sojadrink und die vegane Schokolade lassen sich durch die gleichen Mengen an Kuhmilch und handelsüblicher weißer Schokolade ersetzen.

zum trinken

& löffeln

Schwarztee mit Vanille und Fenchelsamen

Zutaten für 1 Tasse (à ca. 300 ml)

½ **Vanilleschote (Fairtrade)**
300 ml Wasser
1 TL Fenchelsamen
1 TL loser Assam Tee (Fairtrade)
2 TL Rohrohrzucker (Fairtrade)

Zubereitung

Die Vanilleschote längs halbieren und das Mark herauskratzen.
Das Wasser aufkochen und das Vanillemark, die Schote, die Fenchelsamen
sowie den Assam zugeben.
Nach Packungsangabe ziehen lassen. Anschließend durch ein Sieb gießen,
mit dem Zucker süßen und sofort genießen.

Schwarztee mit Jasmin-Zitronengrasnote

Zutaten für 1 Tasse (à ca. 300 ml)

1 Stängel Zitronengras
300 ml Wasser
1 TL Jasminblüten
1 Beutel Earl-Grey-Tee (Fairtrade)
Agavendicksaft, nach Belieben

Zubereitung

Vom Zitronengras die äußeren harten Blätter entfernen und das Innere grob
klein schneiden.
Das Wasser aufkochen. Jasminblüten, Zitronengrasstücke und den Earl-Grey-Tee
zugeben und nach Packungsangabe ziehen lassen. Dann durch ein Sieb gießen,
nach Belieben mit Agavendicksaft süßen und sofort genießen.

Orangenschalen-Pfefferminztee

Zutaten für 1 Tasse (à ca. 300 ml)

300 ml Wasser
1 Stängel Pfefferminze
2 EL Rohrohrzucker (Fairtrade)
1 EL getrocknete Orangenschalen

Zubereitung

Das Wasser aufkochen.

Den Pfefferminzstängel waschen und trocken schütteln.

Den Zucker einrühren, die Orangenschalen und den Pfefferminzstängel darin ca. 5 Minuten ziehen lassen.

Dann durch ein Sieb gießen und sofort genießen.

Fresh Breeze

Zutaten für 4 Gläser (à ca. 300 ml)
(Standzeit mind. 6 Stunden)

5 Stängel Pfefferminze
200 ml Wasser
200 ml Ananassaft
500 ml Kokosmilch
3 TL Agavendicksaft

Zubereitung

Die Pfefferminze waschen, trocken schütteln, die Blätter abzupfen und in feine Streifen schneiden. Die Pfefferminze in die Mulden eines Eiswürfelbehälters verteilen und mit dem Wasser aufgießen. Den Ananassaft ebenfalls in die Mulden einer Eiswürfelform gießen. Beides im Gefrierfach mindestens 6 Stunden gefrieren.

Kurz vor dem Servieren die Kokosmilch mit dem Agavendicksaft in einen hohen Becher geben. Mit einem Handrührgerät oder einem Stabmixer zu einer luftigen Konsistenz aufschlagen.

Die Eiswürfel auf gekühlte Gläser verteilen, mit der aufgeschlagenen Kokosmilch auffüllen und sofort genießen.

Aufgehübscht

Die Glasränder zuvor in Ananassaft tauchen und in geröstete Kokosflocken tunken, mit frischen Ananasstücken garnieren und den fertigen Drink mit einem Trinkhalm servieren.

Nuss-Bananen-Shake

Zutaten für 3 Gläser (à 250 ml)

1 große Banane (Fairtrade)
2 EL frisch gepresster Zitronensaft
350 ml Nussdrink aus Haselnüssen (s. S. 19)
200 ml naturtrüber Apfelsaft
2 EL Agavendicksaft

Zubereitung

Von der Banane 3 Scheiben abschneiden. Mit etwas Zitronensaft beträufeln und für die Dekoration beiseitelegen. Die restliche Banane schälen, grob klein schneiden und in einen Standmixer geben. Den restlichen Zitronensaft darüber verteilen, Nussdrink und Apfelsaft zugießen und alles fein mixen. Mit dem Agavendicksaft süßen und nochmals kurz aufmixen. Den Shake am besten sofort genießen. Hierfür in gekühlte Gläser füllen, die Bananenscheiben einschneiden und auf den Glasrand stecken.

Kokos-Grapefruit-Limo

Zutaten für 1 Glas (ca. 300 ml)

1 Grapefruit oder 100 ml Grapefruitsaft
1 Dose (165 ml) Kokosmilch
1 EL Agavendicksaft
1 Soda-Kapsel (CO_2)
geröstete Kokoschips zum Dekorieren

Zubereitung

Die Grapefruit auspressen (das sollten 100 ml ergeben) und mit der aufgeschüttelten Kokosmilch und dem Agavendicksaft mischen.

Alles durch ein feines Sieb in einen Sahnespender füllen und mit der Soda-Kapsel begasen. Nach Belieben bis zum Servieren kalt stellen, oder die Limo in gekühlte Gläser füllen, mit den Kokoschips dekorieren und sofort genießen.

Tropica

Zutaten für 3 Gläser (à 250 ml)

200 g exotische Früchte
(z. B. Ananas, Kaki, Mango, Physalis)
400 ml Nussdrink aus Mandeln (s. S. 19)
1–2 TL flüssiger Honig (Fairtrade),
nach Belieben

Zubereitung

Die Früchte entsprechend vorbereiten. Das Fruchtfleisch klein schneiden, etwas davon auf kleine Spieße stecken und für die Dekoration beiseitelegen. Den Rest in einen Standmixer geben. Mit dem Nussdrink aufgießen, fein pürieren und mit Honig süßen. Den Drink in gekühlte Gläser füllen, mit den Fruchtspießen dekorieren und sofort servieren oder für den späteren Genuss kalt stellen.

Blaubeer-Erdbeer-Sinfonie

Zutaten für 4 Gläser (à ca. 250 ml)
(Standzeit mind. 6 Stunden)

Melissen-Eiswürfel
5 Stängel Zitronenmelisse
200 ml Wasser

Sinfonie
300 g Blaubeeren
100 g Erdbeeren
350 ml Wasser
15 g Birkenzucker

Zubereitung

Für die Eiswürfel die Zitronenmelisse waschen, trocken schütteln, die Blätter abzupfen und in feine Streifen schneiden. Die Melissestreifen in die Mulden eines Eiswürfelbehälters verteilen, mit Wasser aufgießen und mindestens 6 Stunden gefrieren.

Für die Sinfonie die Blaubeeren verlesen und gegebenenfalls waschen. Erdbeeren waschen und putzen. 2 schöne Erdbeeren halbieren, abwechselnd mit den 6 Blaubeeren dekorativ auf Spieße stecken und beiseitelegen. Die restlichen Früchte mit Wasser und Birkenzucker in einen Standmixer geben und pürieren.

Die Sinfonie mit den Eiswürfeln in gekühlten Gläsern anrichten und mit den Spießen dekoriert servieren.

Birkenzucker

Er ist auch unter dem Namen Xylit oder Xylitol bekannt, ein Zuckeraustauschstoff der auch in Birkenrinde zu finden ist. In Aussehen, Geschmack und Süßkraft ist er mit gewöhnlichem Haushaltszucker vergleichbar. Im Gegensatz dazu verfügt Birkenzucker jedoch über eine geringere Energiedichte.

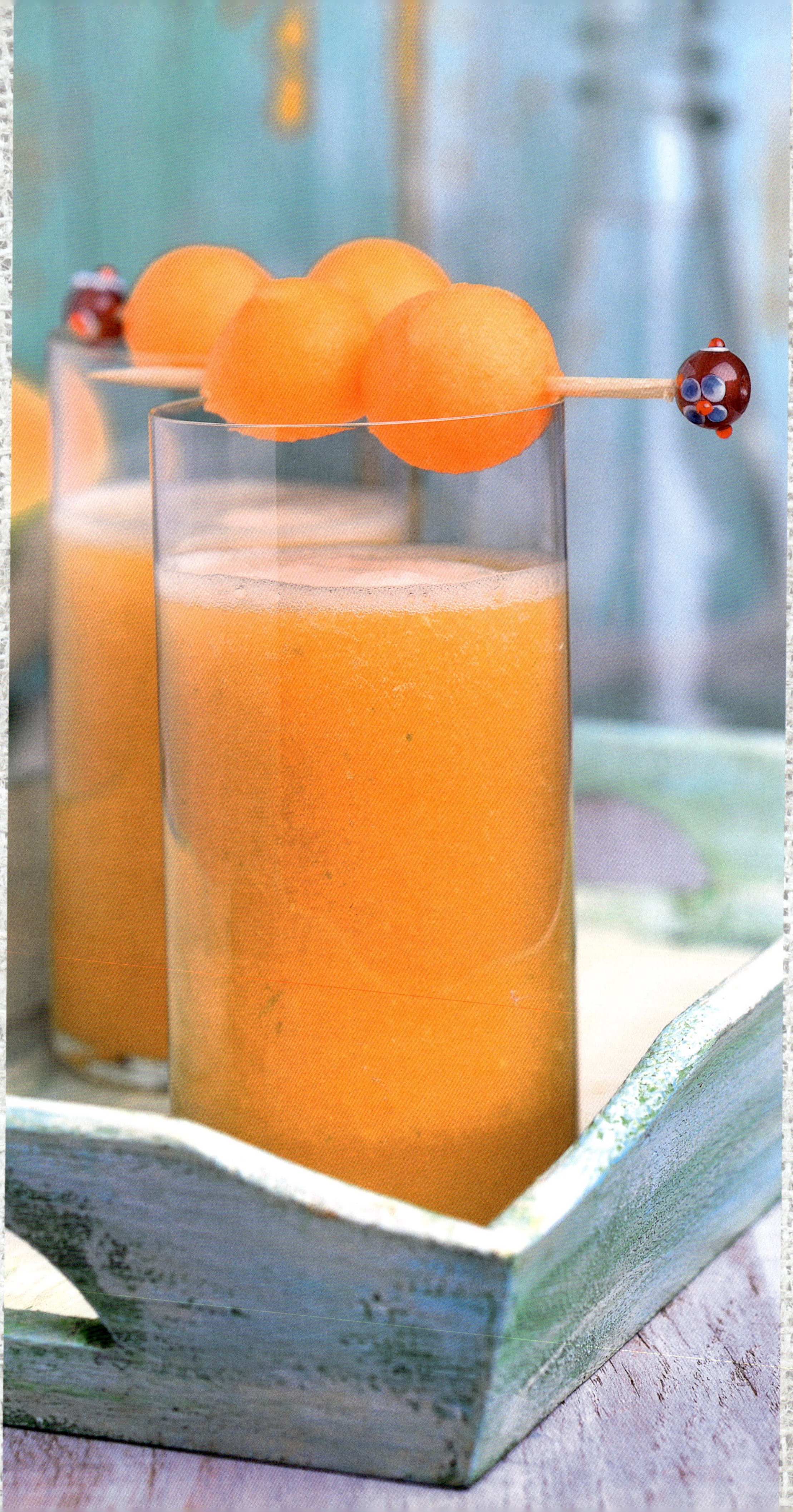

vegan

Gurken-Melonen-Powerdrink

Zutaten für 4 Gläser (à ca. 250 ml)

1 kleine Salatgurke (ca. 150 g)
½ kleine reife Cavaillonmelone
3 cm Ingwerwurzel
Salz
200 ml gekühltes Mineralwasser

Zubereitung

Die Gurke putzen, schälen und grob klein schneiden. Von der Melone die Kerne entfernen, mit einem Kugelausstecher 8 schöne Kugeln ausstechen, auf dekorative Spieße stecken und beiseitelegen. Vom restlichen Fruchtfleisch die Schale entfernen und grob in Stücke schneiden. Den Ingwer schälen und ebenfalls grob klein schneiden.

Gurke, Melone und Ingwer in einen Standmixer geben. Mit 1 Prise Salz würzen und alles fein pürieren. Mit dem Mineralwasser auffüllen, in gekühlte Gläser füllen, mit den Spießen garnieren und direkt genießen. Oder aber den puren Saft kalt stellen und erst kurz vor dem Servieren mit dem Mineralwasser auffüllen.

Melone satt!

Der Drink geht auch anders. Probieren Sie mal die Kombination mit knallig roter Wassermelone, feiner Honigmelone oder der aromatischen Cantaloupemelone.

Tomato-Haferdrink

Zutaten für 3 Gläser (à ca, 250 ml)

1 große reife Tomate
2 cm Ingwerwurzel
4 Stängel Olivenkraut
500 ml Haferdrink (s. S. 19)
Salz
Birkenzucker, nach Geschmack

Zubereitung

Die Tomate waschen, Strunk entfernen und klein schneiden. Ingwer schälen und ebenfalls klein schneiden. Das Olivenkraut waschen, trocken schütteln und 3 schöne Spitzen für die Dekoration beiseitelegen.

Das restliche Kraut zusammen mit Tomate, Ingwer und Haferdrink in einen Standmixer geben und fein pürieren. Salzen und nach Geschmack mit Birkenzucker süßen. In gekühlte Gläser füllen, mit den Olivenkrautspitzen dekorieren und sofort servieren. Oder für den späteren Genuss kalt stellen.

Vegan Mary!

Ob diese Variante der Virgin Mary genauso wirksam gegen einen „Kater" hilft, bleibt offen. Aber die harmonische Kombination aus der Süße des Haferdrinks und dem kräftigen Aroma des Olivenkrauts hebt auf jeden Falll die Stimmung.

vegan

Erbsen-Mangospiel

Zutaten für 10 Shotgläser (à ca. 5 cl)

Mangopüree
1 reife Mango (ca. 300 g)
300 ml Wasser
3 EL Agavendicksaft

Erbsensuppe
½ Zwiebel
2 EL Olivenöl zum Anschwitzen
200 g tiefgekühlte Erbsen
300 ml Gemüsebrühe (s. S. 25)
Salz, Pfeffer
10 Korianderspitzen

Zubereitung

Für das Püree die Mango schälen, das Fruchtfleisch vom Kern schneiden und würfeln. Mit Wasser und Agavendicksaft in einen hohen Becher geben und mithilfe eines Stabmixers pürieren. Die Flüssigkeit durch ein Sieb streichen, Shotgläser damit zur Hälfte füllen und kalt stellen.

In der Zwischenzeit die Erbsensuppe zubereiten. Dafür die Zwiebelhälfte schälen und in Würfel schneiden. In einer Pfanne das Olivenöl erhitzen, darin die Zwiebel-würfel anschwitzen, die Erbsen zugeben und kurz mitanschwitzen. Anschließend mit der Gemüsebrühe auffüllen und bei mittlerer Temperatur ca. 10 Minuten köcheln lassen, bis die Erbsen weich sind. Mit einem Stabmixer oder in einem Standmixer fein pürieren. Gegebenenfalls durch ein Sieb streichen und die Suppe mit Salz und Pfeffer abschmecken. Koriander waschen und trocken schütteln.

Die Erbsensuppe vorsichtig auf das Mangopüree in die gekühlten Gläser gießen, sodass zwei Schichten entstehen. Mit Korianderspitzen dekorieren und sofort trinken, um den Kontrast zwischen Temperatur und Geschmack zu erleben.

Tricky!

Wichtig ist hier, dass man wirklich kleine schmale Gläser hat. Zudem sollte das Mangopüree gut gekühlt sein, damit es stabil ist und sich nicht mit der Erbsen-suppe vermischt.

Basilikum-Apfel-Espuma auf Tomatenragout

Zutaten für 4 Portionen

Tomatenragout
3 Tomaten
2 EL Balsamicoessig
Salz, Pfeffer
2 EL kalt gepresstes Olivenöl

Basilikum-Apfel-Espuma
1 Bund Basilikum (ca. 15 g)
3 EL naturtrüber Apfelsaft
1 EL Agavendicksaft
3 EL kalt gepresstes Rapsöl
180 ml Sojadrink (s. S. 18)
1 g Xanthan
Salz, Pfeffer
2 Sahne-Kapseln (N_2O)

Deko
2 EL geröstete Pinienkerne

Zubereitung

Für das Ragout die Tomaten waschen, Strünke entfernen und würfeln. Essig mit Salz und Pfeffer würzen. Das Öl unterrühren und die Tomatenwürfel darin marinieren.

In der Zwischenzeit für den Espuma das Basilikum waschen, trocken schütteln, 4 schöne Spitzen heraussuchen und für die Dekoration beiseitelegen. Das restliche Basilikum mit den anderen Zutaten in einen Standmixer geben. Dann fein pürieren und abschmecken. Durch ein feines Sieb in einen Sahnespender füllen. Verschließen und mit den Kapseln begasen.

Zum Anrichten das Ragout abschmecken, auf Gläser, z. B. Whisky-Tumbler, verteilen, den Espuma darauf sprühen, mit den gerösteten Pinienkernen bestreuen und die Basilikumspitzen anlegen.

Schaumschläger

Sojadrink eignet sich sehr gut zum Aufschäumen. Das darin enthaltene Sojalecithin unterstützt die Bildung und die lange Standfähigkeit der Bläschen.

Veggie-Variante

Alternativ kann statt des Sojadrinks herkömmliche Schlagsahne eingesetzt werden.

Bananenreis mit Paprika-Espuma

Zutaten für 4 Portionen

Paprika-Espuma
150 g rote Paprikaschote
300 ml Gemüsebrühe (s. S. 25)
100 ml Kokosmilch
60 ml Sojadrink (s. S. 18)
Salz, Pfeffer
2 Sahne-Kapseln (N_2O)

Bananenreis
700 ml Gemüsebrühe (s. S. 25)
150 g Naturreis
½ Bund glatte Petersilie
1 Banane (Fairtrade)
Salz, Pfeffer

Zubereitung

Paprika waschen, halbieren, Kerne und weiße Innenhäute entfernen und in kleine Würfel schneiden. Die Paprikawürfel mit der Gemüsebrühe in einen kleinen Topf geben, aufkochen und bei niedriger Temperatur weich kochen. Anschließend die Paprikawürfel herausnehmen, in einen hohen Becher geben und mit einem Stabmixer pürieren. Das Püree sollte eine Menge von ca. 180 g ergeben, bei nicht ausreichender Menge mit Gemüsebrühe auffüllen. Das Paprikapüree mit Kokosmilch und Sojadrink aufgießen. Mit Salz und Pfeffer abschmecken. Durch ein feines Sieb in einen Sahnespender füllen. Kurz vor dem Anrichten mit den Kapseln begasen.

Für den Bananenreis die Gemüsebrühe aufkochen und den Naturreis darin nach Packungsanweisung kochen. Die Petersilie waschen, trocken schütteln, Blätter abzupfen und fein hacken. Die Banane schälen und in kleine Würfel schneiden. Falls noch Kochflüssigkeit vorhanden sein sollte, diese abschütten und den heißen Reis mit den Bananenwürfeln vermischen. Die Petersilie unterrühren und den Bananenreis mit Salz und Pfeffer abschmecken. In Gläser, z. B. Whisky-Tumbler, geben und den Paprika-Espuma dekorativ darauf sprühen.

Natur mit Biss

Naturreis mag nicht jedermanns Geschmack sein! Hier passt der körnige Reis jedoch super mit seiner nussigen Note, gepaart mit der Süße der Banane, zur fruchtigen Paprika. Ein leckeres kleines Gericht, ideal als Vorspeise!

 **veggie**

Kopfsalatsuppe mit Champignonschaum

Zutaten für 4 Portionen

Kopfsalatsuppe
1 kleine Schalotte
120 g mehligkochende Kartoffeln
1 kleiner Kopfsalat (ca. 120 g)
1 EL Pflanzenöl
800 ml Gemüsebrühe (s. S. 25)
100 ml Sahne
Salz, Pfeffer
1 EL geröstete Sonnenblumenkerne

Champignonschaum
60 g weiße Champignons
1 EL Pflanzenöl
Salz, Pfeffer
300 ml Gemüsebrühe (s. S. 25)

Zubereitung

Die Schalotte schälen und würfeln. Die Kartoffeln schälen, waschen und klein schneiden. Den Kopf-salat putzen, waschen, trocken schleudern und in dünne Streifen schneiden. Eine kleine Handvoll Salatstreifen für die Dekoration beiseitelegen. Das Öl in einem Topf erhitzen, darin die Schalotten-würfel mit den Kartoffeln anschwitzen und mit der Gemüsebrühe aufgießen. Aufkochen und bei mitt-lerer Temperatur weich kochen. Wenn die Kartoffeln gar sind, den Kopfsalat nur kurz mitkochen und anschließend alles mit einem Stabmixer oder in einem Standmixer pürieren. Mit der Sahne verfeinern, mit Salz und Pfeffer abschmecken und warm halten.

Für den Schaum die Champignons putzen und in sehr kleine Würfel schneiden. Das Öl in einer Pfanne erhitzen, Champignons zugeben und braten. Salzen und pfeffern, anschließend mit Gemüsebrühe auf-füllen und ca. 10 Minuten leicht köcheln lassen. Den Sud in einen hohen Becher geben und mit einem Stabmixer fein pürieren. Gegebenenfalls durch ein Sieb streichen. Nochmals aufmixen und damit eine schaumige Konsistenz entsteht, den Stabmixer an die Oberfläche halten, sodass Luft untergemixt wird.

Die Kopfsalatsuppe anrichten, den Champignonschaum darauf verteilen und mit den Salatstreifen sowie den gerösteten Sonnenblumenkernen bestreuen.

Saisontausch

In der Saison eignet sich auch Endivien- statt Kopfsalat sehr gut für diese Suppe.

 Vegan

Vegane Variante

Die Schlagsahne einfach gegen 100 ml Soja-Schlagcreme (s. S. 20) austauschen.

Rote-Bete-Suppe mit Meersalzluft

Zutaten für 4 Portionen

Rote-Bete-Suppe
1 kleine Zwiebel
100 g gekochte Rote Bete
1 Elstar-Apfel
2 EL Olivenöl zum Anschwitzen
250 ml Kokosmilch
250 ml Gemüsebrühe (s. S. 25)
1 cm geschälte Ingwerwurzel
Salz, Pfeffer

Meersalzluft
15 g Meersalz
200 ml Wasser
2 g Sojalecithin

Anrichten
einige Rote-Bete-Blätter

Zubereitung

Die Zwiebel schälen und in kleine Würfel schneiden. Die Rote Bete ebenfalls würfeln. Den Apfel gründlich waschen, vierteln, Kerngehäuse entfernen und in Würfel schneiden.

In einem Topf 1 TL Olivenöl erhitzen. Einige Apfelwürfel als spätere Suppeneinlage bissfest anschwitzen, herausnehmen und warm halten. Das restliche Öl erhitzen, darin die Zwiebel-, Rote-Bete- und Apfelwürfel anschwitzen. Mit Kokosmilch und Gemüsebrühe aufgießen und weich kochen. Zum Schluss noch frisch geriebenen Ingwer zugeben und die Suppe mit einem Stabmixer pürieren. Mit Salz und Pfeffer abschmecken.

Für die Meersalzluft das Salz im Wasser auflösen, Sojalecithin unterrühren und mit einem Stabmixer so aufmixen, dass ein stabiler Schaum entsteht.

Die Suppe anrichten, die Apfelwürfel hineingeben und mit der Meersalzluft sowie den Blättern von der Roten Bete garnieren.

Es liegt Salz in der Luft!

Bitte die Suppe sparsam salzen, da es die Meersalzluft in sich hat!

Veggie-Variante

250 ml Kokosmilch durch 250 ml Schlagsahne austauschen!

Kokos-Thaicurry-Schaumsüppchen

Zutaten für 4 Portionen

Spieße & Pak Choi
3 EL kalt gepresstes Olivenöl
½ Knoblauchzehe
4 EL Rohrohrzucker (Fairtrade)
12 Kumquats
2 kleine Köpfe Pak Choi
1 EL heller Balsamicoessig
2 EL Sesamöl
Salz, Pfeffer

Schaumsüppchen
70 ml Gemüsebrühe (s. S. 25)
1 Dose (165 ml) Kokosmilch
50 ml Sojadrink (s. S. 18)
10 g grüne Currypaste
2 Sahne-Kapseln (N_2O)

Zubereitung

Den Backofen auf 180 °C Umluft vorheizen. Für die Spieße ein Backblech mit Olivenöl bestreichen. Die Knoblauchzehe schälen, klein hacken und mit dem Zucker vermischen, dann darauf verteilen. Jeweils 3 Kumquats auf einen Spieß stecken und auf das Blech legen. Im Backofen auf mittlerer Schiene ca. 20 Minuten garen, dabei die Spieße mehrfach wenden.

Den Pak Choi putzen, in Streifen schneiden, waschen, gut abtropfen lassen und ca. 10 Minuten vor Ende der Garzeit zu den Spießen in den Backofen geben und mitgaren.

Kurz vor dem Anrichten das Schaumsüppchen zubereiten. Hierfür die Gemüsebrühe mit Kokosmilch, Sojadrink und Currypaste in einen Topf geben, verrühren und erwärmen. Dann durch ein feines Sieb in einen Sahnespender füllen und die Mischung mit den Kapseln begasen.

Nach Ende der Garzeit den Pak Choi mit Essig und Sesamöl beträufeln. Mit Salz und Pfeffer abschmecken und in Gläsern oder Schüsselchen anrichten. Das Schaumsüppchen darauf sprühen und mit den Kumquatspießen dekorieren.

Veggie-Variante

Wenn der Sojadrink durch eine Mischung aus 85 g Speisequark und 40 ml Orangensaft ersetzt wird, erhält das Schaumsüppchen eine kompaktere Konsistenz.

vegan

Apfel-Zitronengras-Suppe mit Quinoa

Zutaten für 4 Portionen
(Standzeit ca. 12 Stunden)

Peterli-Granulat
1 Bund Petersilie
Rohrohrzucker (Fairtrade)

Suppe
ca. 250 ml Wasser
2 EL rosa Quinoa (Fairtrade)
Salz, Pfeffer
2 Granny-Smith-Äpfel
2 Stängel Zitronengras
½ kleine Zwiebel
2 EL Pflanzenöl
600 ml Gemüsebrühe (s. S. 25)

Zubereitung

Die Petersilie waschen, trocken schütteln, die Blätter abzupfen und fein hacken. Die Petersilie abwiegen und die gleiche Menge Zucker zugeben. Alles mit den Händen etwas vermischen und auf einem mit Backpapier ausgelegten Backblech verteilen. Bei Raumtemperatur ca. 12 Stunden trocknen lassen.

Für die Suppe in einem kleinen Topf das Wasser zum Kochen bringen, die Quinoa zugeben und nach Packungsangabe weich kochen. Die fertige Quinoa in ein Sieb abgießen, mit Salz und Pfeffer würzen.

Äpfel schälen, vierteln, Kerngehäuse entfernen und in kleine Stücke schneiden. Vom Zitronengras die äußeren harten Blätter entfernen und den inneren weichen Teil in kleine Stücke schneiden. Die Zwiebel schälen und fein würfeln.

In einer Pfanne das Öl erhitzen, die Zwiebelwürfel darin anschwitzen, danach die Apfelstücke und das Zitronengras zugeben und kurz mitanschwitzen. Anschließend mit der Gemüsebrühe aufgießen, aufkochen und bei mittlerer Temperatur kochen, bis die Apfelstücke weich sind.

Die Suppe mit einem Stabmixer fein pürieren. Mit Salz und Pfeffer abschmecken und durch ein feines Sieb geben. Die Quinoa in kleinen Suppentassen oder Schüsselchen anrichten und mit der Apfelsuppe auffüllen. Mit etwas Peterli-Granulat bestreut servieren.

Trotzt den Unverträglichkeiten!

Dieses Rezept eignet sich toll für Personen mit Unverträglichkeiten von Gluten oder Laktose. Nur bei der Gemüsebrühe aufpassen; bei selbst gemachter ist man auf der sicheren Seite.

Birnen-Rucola-Suppe mit Blaubeeren

Zutaten für 4 Portionen

Suppe
1 Birne (ca. 200 g)
30 g Rucola
1 Schalotte
1 EL Olivenöl zum Braten
600 ml Gemüsebrühe (s. S. 25)
Salz, Pfeffer

Einlage
70 g Blaubeeren
1 Knoblauchzehe
1 EL Olivenöl zum Braten
Salz

Anrichten
frittierter Rucola, nach Belieben

Zubereitung

Für die Suppe die Birne schälen, vierteln, Kerngehäuse entfernen und klein schneiden. Den Rucola putzen, waschen, trocken schleudern und grob hacken. Die Schalotte schälen und in feine Würfel schneiden.

Das Olivenöl in einem Topf erhitzen, die Schalotte, den Rucola und die Birnenstücke zugeben, kurz anbraten und mit Gemüsebrühe auffüllen. Das Ganze aufkochen und bei mittlerer Temperatur kochen, bis die Birnenstücke weich sind. Dann mit einem Stabmixer pürieren. Mit Salz und Pfeffer abschmecken.

Für die Einlage die Blaubeeren verlesen und gegebenenfalls waschen. Die Knoblauchzehe schälen und andrücken. In einer Pfanne das Olivenöl erhitzen, die Knoblauchzehe zugeben und nur kurz anbraten, sodass sich das Knoblaucharoma entfalten kann. Dann die Blaubeeren kurz in der Pfanne schwenken und zum Schluss ganz leicht salzen.

Die Blaubeeren in kleinen Suppentellern anrichten, mit der Suppe auffüllen und nach Belieben mit frittiertem Rucola garnieren.

Aber bitte mit Sahne …

Wer es etwas cremiger mag, gibt noch einen Schuss Soja-Schlagcreme (s. S. 20) oder für die Veggie-Variante einen Schuss Sahne dazu.

vorneweg

& dazu

Gegrillte Salatherzen

Zutaten für 4 Portionen

2 Romana-Salatherzen
100 ml Olivenöl zum Braten
Salz, Pfeffer
1 reife Mango
1 rote Chilischote
½ Bund Schnittlauch
2 EL Essig

Zubereitung

Die Salatherzen mit Strunk längs halbieren, waschen und vorsichtig trocken schleudern. In eine Schüssel die Hälfte des Olivenöls geben, mit Salz und Pfeffer würzen und die Salatherzen darin marinieren.

Die Mango schälen, das Fruchtfleisch vom Kern schneiden und fein würfeln. Für die Vinaigrette die Chilischote waschen, längs halbieren, Kerne und weiße Innenhäute entfernen und fein hacken. Den Schnittlauch waschen, trocken schütteln und in Röllchen schneiden. Den Essig mit dem restlichen Öl, Chili und Schnittlauch verrühren. Mit Salz und Pfeffer abschmecken.

Eine Grillpfanne heiß werden lassen. Die marinierten Salatherzen etwas abtropfen lassen und mit den Schnittflächen nach unten vorsichtig braten. Zwischendurch wenden und fertig braten.

Die Salatherzen auf Tellern anrichten, dekorativ mit den Mangowürfeln bestreuen und mit der Vinaigrette beträufeln.

Veggie-Variante

Toll schmeckt dazu fein gewürfelter Fetakäse.

Wirsingsalat mit Amaranth-Popcorn (Foto)

Zutaten für 2–4 Portionen

200 g Wirsing
200 ml Apfelsaft
50 ml Essig
Salz
20 g Amaranth
10 g Vollmilchschokolade (Fairtrade)

Zubereitung

Den Wirsing putzen, in dünne Streifen schneiden, waschen und abtropfen lassen. Mit Apfelsaft, Essig sowie etwas Salz gut verkneten und kurz ziehen lassen.

Einen kleinen Topf mit Stiel erhitzen. Den Amaranth zugeben und sofort mit einem Deckel schließen. Den Topf von der Kochstelle ziehen und die Körner zu „Popcorn" werden lassen, dabei den Topf ständig in Bewegung halten.

Den Salat auf Tellern anrichten, mit lauwarmem Amaranth-Popcorn bestreuen und mit einer Reibe die Schokolade fein darüber hobeln.

Vegane Variante

Für diese Variante darauf achten, dass es sich jeweils um veganen Apfelsaft und Essig handelt. Bei der Schokolade gibt es unterschiedliche, z. B. mit Reismilch, die sich für Veganer eignen. Welche Stolperfallen es noch gibt, steht auf Seite 11.

Mungobohnen-Graupen-Salat

Zutaten für 6 Portionen

200 g Mungobohnen
100 g Graupen
1 Lorbeerblatt
1,5 l Gemüsebrühe (s. S. 25)
1 rote Paprikaschote
1 kleine rote Zwiebel
1 Bund Rucola
4 EL Essig
6 EL kalt gepresstes Olivenöl
Salz, Pfeffer

Zubereitung

Die Mungobohnen nach Packungsangabe in reichlich Wasser einweichen.

Anschließend das Wasser abschütten und die Bohnen mit den Graupen sowie dem Lorbeerblatt in der Gemüsebrühe ca. 30 Minuten kochen. Sollten die Graupen mittel oder fein sein, entsprechend später zu den Mungobohnen geben, hier bitte auf die Packungsangabe achten.

Die Paprika waschen, halbieren, Kerne und weiße Innenhäute entfernen und in kleine Würfel schneiden. Die Zwiebel schälen und fein würfeln. Den Rucola putzen, waschen, trocken schleudern und klein schneiden.

Die gegarten Mungobohnen und Graupen in einem Sieb abschütten, das Lorbeerblatt entfernen. Noch warm mit Paprika- und Zwiebelwürfeln mischen. Mit Essig, Öl, Salz und Pfeffer abschmecken. Zum Schluss den Rucola unterheben und kurz ziehen lassen. Gegebenenfalls nochmals abschmecken und lauwarm servieren.

fein-mittel-grob

Graupen, auch bekannt unter dem Namen Roll- oder Kochgerste, gibt es in drei unterschiedlichen Größen, die sich auch in ihrer Kochzeit unterscheiden. Je feiner die Graupen, desto kürzer die Kochzeit. So benötigen die groben etwa 30 Minuten zum Garen, die mittleren ca. 20 Minuten und die feinen Perlgraupen sogar nur etwa 10–15 Minuten.

Buchweizen mit Radieschen und Frühlingszwiebeln

Zutaten für 6 Portionen

200 g Buchweizen
300 ml Gemüsebrühe (s. S. 25)
1 Bund Radieschen mit Grün
2 Bund Frühlingszwiebeln
2 EL Essig
4 EL Rapsöl
Salz, Pfeffer

Zubereitung

Den Buchweizen in der Gemüsebrühe nach Packungsangabe ca. 20 Minuten weich garen.

Radieschen mit Grün waschen. Das Grün trocken schütteln und fein schneiden. Die Radieschen putzen und je nach Größe vierteln oder achteln. Die Frühlingszwiebeln ebenfalls putzen, waschen, trocken schütteln und in feine Ringe schneiden.

Den gegarten Buchweizen in einem Sieb abschütten. Noch warm mit Radieschen, Blättern und Frühlingszwiebeln vermischen. Essig und Öl unterrühren, mit Salz und Pfeffer abschmecken. Kurz durchziehen lassen, nochmals abschmecken und nach Belieben warm oder kalt servieren.

Geniales Getreide!

Buchweizen ist vielseitig verwendbar. Nicht nur als Salat schmeckt er wunderbar, sondern auch für Bratlinge, als Grütze oder Mehl für Pfannkuchen, Kuchen oder Nudeln. Zudem enthält er kein Gluten!

Glasnudelsalat mit gebratenen Orangenwürfeln

Zutaten für 4 Portionen

Salat
200 ml Rote-Bete-Saft
100 g Glasnudeln
Salz, Pfeffer
1 große Orange
1 EL Sojasauce
1 EL Sesamöl
20 g Walnusskerne

Deko
frittierte Glasnudeln
4 Korianderblättchen

Zubereitung

Den Rote-Bete-Saft in einer Pfanne aufkochen, die Glasnudeln zugeben und ca. 1–2 Minuten darin kochen, bis sie weich sind. Eventuell noch etwas Saft zugießen. Mit Salz und Pfeffer abschmecken.

Die Orange samt der weißen Haut schälen, in Würfel schneiden und mit Sojasauce sowie Sesamöl marinieren. Die Walnusskerne grob hacken.

In einer heißen Pfanne die Orangenwürfel kurz anschwitzen und mit den Glasnudeln und den Nüssen vermischen. Den Salat in kleinen Schüsseln anrichten, mit den frittierten Glasnudeln und dem Koriander garniert servieren.

Knusper, knusper!

Für eine Dekovariante einige der gegarten Glasnudeln gut abtropfen lassen und in ausreichend heißem Öl knusprig frittieren. Dann auf Küchenpapier abtropfen lassen.

Dreierlei Antipasti

Zutaten für 4 Portionen

Pfefferminz-Karotten
300 g Karotten
½ Bund Pfefferminze
3 EL Puderzucker aus Rohrohrzucker
1 EL kalt gepresstes Olivenöl
Salz, Pfeffer

Balsamico-Champignons
200 ml Balsamicoessig
4 EL Rohrohrzucker (Fairtrade)
250 g kleine Champignons

Gurkennudeln
1 Salatgurke
2 EL Sesamöl
1 EL Essig

Zubereitung

Die Karotten putzen, schälen und längs in dünne Scheiben schneiden oder hobeln. Die Minze waschen und trocken schütteln. Einige Blätter für die Deko beiseitelegen. Die Karotten mit der Minze und dem Puderzucker in einen geeigneten Beutel geben und vakuumieren. Ein Wasserbad oder einen Dampfgarer auf 85 °C erwärmen und die Karotten im Beutel darin ca. 30 Minuten bissfest garen. Anschließend die Karotten mit dem Olivenöl mischen, mit Salz und Pfeffer abschmecken. Warm oder auch kalt servieren.

Für die Champignons den Balsamicoessig mit dem Zucker in einer Pfanne aufkochen. Die Champignons säubern, gegebenenfalls halbieren, zugeben und bei geringer Temperatur ca. 10 Minuten garen. Dabei mehrfach schwenken. Warm oder auch kalt servieren.

Die Gurke putzen, schälen und der Länge nach mit einem Sparschäler in dünnen Scheiben abschälen, anschließend in feine Streifen schneiden. Die Gurkennudeln mit Sesamöl und Essig bis zum Anrichten marinieren.

Alle Komponenten auf einer großen Platte anrichten und servieren. Dazu noch etwas Brot reichen, z. B. das Curry-Focaccia von Seite 40.

Vorbereitung ist alles!

Einfach am Tag zuvor zubereiten, dann kann das Gemüse gut durchziehen und schmeckt so noch intensiver.

 Veggie

Rote-Bete-Carpaccio

Zutaten für 4 Portionen

1 große zweifarbige Rote Bete
1 mittelgroße Rote Bete
600 ml Gemüsebrühe (s. S. 25)
1 kleiner Bund Dill
1 Knoblauchzehe
2 EL Speisequark
Salz, Pfeffer
2 EL kalt gepresstes Olivenöl
2 cm Meerrettichwurzel

Zubereitung

Die Roten Beten mit Schale in der Gemüsebrühe ca. 35–40 Minuten garen. Am besten mit einem Holzspieß prüfen, ob sie weich sind. Dann abgießen, schälen und auskühlen lassen.

Den Dill waschen, trocken schütteln, Spitzen abzupfen und klein schneiden. Die Knoblauchzehe schälen und grob hacken. Zusammen mit der einfarbigen Rote Bete und dem Quark mit einem Stabmixer pürieren. Dann den Dill unterrühren und zum Schluss mit Salz und Pfeffer abschmecken.

Die zweifarbige Rote Bete in feine Scheiben schneiden oder hobeln. Mit etwas Salz und Olivenöl marinieren. Den Meerrettich schälen.

Das Püree auf Teller verteilen, die zweifarbigen Rote-Bete-Scheiben darauf anrichten. Etwas Meerrettich frisch darüber reiben und servieren.

Vorsicht Farbe!

Die Roten Beten am besten mit Küchenhandschuhen schälen, da sie sehr stark färben. Zitronensaft hilft, um eventuelle Flecken zu entfernen.

Vegan Vegane Variante

Statt Quark einfach 3 EL Sojadrink (s. S. 18) oder die Soja-Schlagcreme (s. S. 20) verwenden.

Lauwarmes Kartoffel-Auberginen-Carpaccio

Zutaten für 4 Portionen

1 Aubergine
2 Knoblauchzehen
3 EL Olivenöl zum Braten
Salz, Pfeffer
2 mittelgroße Süßkartoffeln
2 mittelgroße Kartoffeln
100 ml Wasser
2 EL Essig
Rohrrohrzucker (Fairtrade)
2 große Tomaten
2 Stängel Basilikum
4 Spitzen Basilikum zum Dekorieren
grobes Meersalz zum Bestreuen

Zubereitung

Die Aubergine waschen, putzen und in dünne Scheiben schneiden. 1 Knoblauchzehe schälen und durch eine Presse drücken. Auberginenscheiben mit Knoblauch, Olivenöl, Salz und Pfeffer einige Minuten marinieren. Kurz vor dem Anrichten eine beschichtete Pfanne erhitzen und die Auberginenscheiben darin portionsweise von beiden Seiten goldgelb braten. Gegebenenfalls auf Küchenpapier abtropfen lassen und nochmals würzen.

Beide Kartoffelsorten schälen, waschen und in dünne Scheiben schneiden. Wasser, Essig und 2 EL Zucker aufkochen. Die Süßkartoffelscheiben darin bissfest kochen, herausnehmen und warm halten. Die Kartoffelscheiben darin ebenfalls bissfest kochen und dann warm halten.

Die Tomaten waschen, Strünke entfernen und würfeln. Basilikum waschen, trocken schütteln und die Blättchen abzupfen. Die restliche Knoblauchzehe schälen und grob hacken. Alles in einen hohen Becher geben und mit einem Stabmixer stückig pürieren. Die Tomatensauce mit Salz, Pfeffer und 1 Prise Zucker abschmecken.

Süßkartoffel-, Kartoffel- und Auberginenscheiben abwechselnd fächerförmig auf Tellern anrichten, mit der Tomatensauce beträufeln und den Rest separat dazu reichen. Mit Basilikumspitzen garnieren und zum Schluss mit Meersalz bestreuen.

Geht auch anders …

Auberginen sind nicht jedermanns Geschmack. Wie wäre es also stattdessen mit Zucchini? Damit die jedoch in der Form mit den Kartoffeln mithalten können, möglichst größere Exemplare verwenden.

vegan

Gemüsespaghetti mit Grapefruit & Oliven

Zutaten für 4 Portionen

60 g schwarze Oliven in Ringen
1 Pink Grapefruit
1 Stange Lauch
1 Karotte
1 Zucchini
1 Knoblauchzehe
3 EL Olivenöl zum Anschwitzen
Salz, Pfeffer

Zubereitung

Den Backofen auf 150 °C Umluft vorheizen.

Die Oliven abtropfen lassen, auf einem mit Backpapier belegten Backblech verteilen und ca. 30 Minuten im Backofen trocknen. Die Oliven etwas auskühlen lassen und in einem Blitzhacker fein hacken.

Den Saft der Grapefruit auspressen. Den Lauch halbieren, waschen und in lange dünne Streifen schneiden. Die Karotte putzen, schälen und mit einem Sparschäler längs dünne Streifen abschälen. Die Streifen aufeinanderlegen und daraus feine Spaghetti schneiden. Die Zucchini putzen, waschen und ebenso verfahren. Die Knoblauchzehe schälen und durch eine Presse drücken.

Das Öl in einer Pfanne erhitzen, die Gemüsespaghetti darin bissfest anschwitzen. Den Knoblauch zugeben, kurz mitanschwitzen und mit Grapefruitsaft ablöschen. Mit Salz und Pfeffer abschmecken und mit den gehackten Oliven bestreut anrichten.

Gekonnt getrocknet!

Wenn sich während des Trocknens der Oliven die Feuchtigkeit an der Backofentür sammelt, einfach die Tür einen Spalt öffnen und einen Kochlöffel hineinklemmen. So kann die feuchte Luft entweichen.

Gebratene Papaya auf Topinambur und Pastinaken-Johannisbeersauce

Zutaten für 4 Portionen

Pastinaken-Johannisbeersauce
25 g Rote Johannisbeeren
150 g Pastinake
½ Zwiebel
1 cm Galgantwurzel
1 EL Rapsöl
200 ml Gemüsebrühe (s. S. 25)
100 ml Sahne
Salz, Pfeffer

Gemüsepapaya & Topinambur
1 große oder 2 kleine Gemüsepapayas
2 EL Sesamöl
2 EL Sojasauce
450 g Topinambur
2 EL Pflanzenöl
Salz, Pfeffer

Zubereitung

Für die Sauce die Johannisbeeren verlesen und waschen. Pastinake putzen, schälen und in kleine Würfel schneiden. Die Zwiebel schälen und fein hacken. Galgant schälen und ebenfalls fein hacken. In einer Pfanne das Öl erhitzen und die Zwiebel darin kurz anschwitzen. Pastinakenwürfel zugeben und kurz mitanschwitzen. Zum Schluss Galgant zugeben, mit der Gemüsebrühe aufgießen und aufkochen lassen. Bei mittlerer Temperatur ca. 10–15 Minuten kochen, bis die Pastinaken weich sind. Mit Sahne aufgießen und mit Salz und Pfeffer abschmecken. Die Sauce mit einem Stabmixer fein pürieren. Ganz zum Schluss die Johannisbeeren unterrühren und heiß werden lassen. Bis zum Anrichten warm halten.

Die Gemüsepapayas halbieren, Kerne entfernen und schälen. Das Fruchtfleisch mit einem Sparschäler in Streifen abschälen. Mit Sesamöl und Sojasauce kurz marinieren. In der Zwischenzeit die Topinambur schälen und in Scheiben schneiden.

In einer beschichteten Pfanne Öl erhitzen und die Topinamburscheiben darin portionsweise von beiden Seiten goldgelb braten. Mit Salz und Pfeffer würzen, herausnehmen und warm halten. Die Papayastreifen in die Pfanne geben und ebenfalls anbraten sowie mit Salz und Pfeffer würzen. Die Topinamburscheiben mit den Papayastreifen auf Tellern anrichten und mit der Sauce umranden.

Vegane Variante

Die Sahne kann gut gegen die Soja-Schlagcreme (s. S. 20) ausgetauscht werden. Bei der Sojasauce unbedingt auf eine vegane achten!

Süßkartoffelrösti

Zutaten für 4 Portionen

400 g Süßkartoffeln
Salz, Pfeffer
Pflanzenöl zum Braten
1 kleiner Römersalat
Birkenzucker
4 EL kalt gepresstes Olivenöl
2 EL Balsamicoessig
Zwiebelsprossen zum Dekorieren

Zubereitung

Die Süßkartoffeln schälen und auf einer Reibe grob raspeln. Die Raspel kräftig mit Salz und Pfeffer würzen. In einer Pfanne ausreichend Öl erhitzen. Die Süßkartoffelmasse esslöffelweise in die Pfanne geben und daraus portionsweise knusprige Rösti backen. Ab und zu behutsam wenden. Dann herausnehmen, auf Küchenpapier abtropfen lassen und warm halten.

Den Römersalat putzen, in feine Streifen schneiden, waschen und trocken schleudern. In der noch heißen Pfanne gegebenenfalls etwas Öl erhitzen. Die Salatstreifen kurz darin schwenken, sodass sie leicht zusammenfallen und mit Salz, Pfeffer sowie 1 Prise Birkenzucker abschmecken.

Das Olivenöl mit dem Balsamicoessig verrühren und mit Salz und Pfeffer abschmecken. Die Zwiebelsprossen waschen und gut abtropfen lassen. Die Rösti auf Teller verteilen, den gebratenen Salat obenauf geben und mit Zwiebelsprossen dekorieren. Das Dressing darüber verteilen und servieren.

Pur oder kombiniert!

Die Süßkartoffelrösti schmecken auch pur oder aber in Kombination mit gebratenem Seitan! Als Veggie-Variante passen sie auch hervorragend zu Kräuterquark.

vegan

Kartoffel-Pastinaken-Fluffy

Zutaten für 4 Portionen

Fluffy
2 Pastinaken (geschält ca. 250 g)
200 g blaue Kartoffeln
Erdnussöl zum Frittieren
Salz, Pfeffer
ca. 500 ml Gemüsebrühe (s. S. 25)
ca. 50 ml warmer Haferdrink (s. S. 19)
20 g getrocknete Cranberrys

Curryöl
1 gestrichener TL Currypulver

Zubereitung

Die Pastinaken putzen und schälen. Mit einem Sparschäler längs einige Streifen abschälen. Die restlichen Pastinaken in Würfel schneiden. Die Kartoffeln schälen und waschen. Für die Deko mit einem Sparschäler einige Scheiben abschälen oder auf einem Hobel dünn hobeln. Die restlichen Kartoffeln in Würfel schneiden. Reichlich Erdnussöl zum Frittieren in einem Topf erhitzen. Die Pastinakenstreifen und die blauen Kartoffelscheiben getrennt voneinander portionsweise frittieren und auf Küchenpapier abtropfen lassen. Die Chips leicht salzen.

Restliche Pastinaken und blaue Kartoffeln getrennt voneinander in Gemüsebrühe ca. 10–15 Minuten weich kochen. Die Pastinaken mit etwas Gemüsebrühe, die blauen Kartoffeln mit etwas Haferdrink stampfen. Beide Pürees mit Salz und Pfeffer abschmecken.

Von dem Frittieröl 2 EL abnehmen und mit dem Currypulver verrühren. Die Pürees, z.B. mithilfe eines Dessertrings, als Türmchen auf Tellern anrichten, mit Cranberrys sowie den Pastinaken- und Kartoffelchips dekorieren. Einige Tropfen Curryöl darum herum verteilen.

Das etwas andere Püree!
Es eignet sich toll als Beilage zu den Hirse-Feigenküchlein (s. S. 133) oder zu der gebratenen Honigmelone (s. S. 130).

 veggie

Veggie-Variante

Den süßlich schmeckenden Haferdrink einfach durch Milch ersetzen. Wer es etwas cremiger mag, verfeinert die Pürees noch mit einem Schuss Sahne oder einem Stich Butter.

Schwarze Polenta

veggie

Zutaten für 2 Portionen

½ Zwiebel
1 EL Olivenöl
100 g grobes Polentagrieß (Bramata)
50 ml Weißwein
1–2 Messerspitzen schwarze
Lebensmittelfarbe oder Aktivkohle
ca. 250 ml Gemüsebrühe (s. S. 25)
100 ml Sahne
Salz, Pfeffer

Zubereitung

Die Zwiebelhälfte schälen und in feine Würfel schneiden. In einer Pfanne das Olivenöl heiß werden lassen. Die Zwiebelwürfel darin glasig anschwitzen. Die Polenta kurz mitanschwitzen, mit Weißwein ablöschen und Lebensmittelfarbe oder Aktivkohle einrühren.

Mit Gemüsebrühe und Sahne aufgießen, aufkochen und bei geringer Temperatur nach Packungsangabe quellen lassen. Dabei ab und zu umrühren. Bei Bedarf noch etwas Gemüsebrühe zugießen. Mit Salz und Pfeffer abschmecken.

Echter Hingucker!

Die cremig schwarze Polenta ist nicht nur ein echter Hingucker, sie passt auch toll z. B. zur Wassermelone vom Grill von Seite 137.

Mais-Salat-Röllchen

Zutaten für 8 Stück
(Standzeit ca. 24 Stunden)

½ Zwiebel
Pflanzenöl zum Braten
100 g Maiskörner
200 ml Gemüsebrühe (s. S. 25)
Salz, Pfeffer
1 Römersalat
1 rote Paprikaschote
100 ml Soja-Schlagcreme (s. S. 20)

Zubereitung

Die Zwiebel schälen und fein würfeln. In einem Topf 1 EL Öl erhitzen. Die Zwiebelwürfel darin anschwitzen, Mais zugeben. Mit Gemüsebrühe aufgießen, aufkochen
und bei geringer Temperatur den Mais weich kochen. Die Flüssigkeit sollte nahezu verkocht sein. Kräftig mit Salz und Pfeffer würzen.

Den Salat putzen und 8 schöne große Blätter in reichlich kochendem Salzwasser
kurz ziehen lassen. Herausnehmen, in kaltem Wasser abschrecken, auf sauberen
Küchenhandtüchern auslegen und trocken tupfen. Die Blätter dann einzeln auf
Frischhaltefoliebögen legen und die Maismasse gleichmäßig auf die Salatblätter
verteilen. Mithilfe der Frischhaltefolie stramm zu Röllchen aufrollen. Zur Stabilisie-
rung nochmals in Alufolie wickeln und ca. 24 Stunden im Kühlschrank kalt stellen.

Am nächsten Tag den restlichen Salat putzen, in feine Streifen schneiden, waschen
und trocken schleudern. Die Paprikaschote waschen, halbieren, Kerne und weiße
Innenhäute entfernen und in kleine Würfel schneiden.

Die Salatröllchen aus der Folie wickeln und nach Belieben ganz lassen oder in
Scheiben schneiden. In einer Pfanne ausreichend Öl erhitzen und die Röllchen
bzw. die Scheiben darin portionsweise von beiden Seiten goldbraun braten und
warm halten.

In der Pfanne erneut etwas Öl erhitzen und die Paprikawürfel darin bissfest anschwitzen. Zum Schluss die Salatstreifen zugeben und kurz darin schwenken. Mit
Schlagcreme aufgießen, erwärmen und alles mit Salz und Pfeffer abschmecken.

Die Maisröllchen auf der Paprika-Salat-Mischung anrichten.

Gut gerollt!

Anstelle des Römersalats kann man auch z. B. Wirsing-, Weiß-, Spitz- oder
Rotkohl verwenden. Die Garzeit in der Pfanne dann entsprechend anpassen.

kleinigkeiten
für hand

& gabel

Gemüsechips mit zweierlei Dips

Zutaten für 4 Portionen

Kerbel-Dip
150 g Mayo (s. S. 23)
1 kleiner Bund Kerbel
1 Messerspitze Kardamompulver
Salz, Pfeffer

Curry-Ingwer-Dip
150 g Mayo (s. S. 23)
1 TL Currypulver
1 TL Ingwerpulver
1 TL Essig
Salz, Pfeffer

Gemüsechips
250 g Gemüse, nach Saison und Belieben
(z. B. Kartoffel, Karotte, Pastinake, Rote Bete)
Pflanzenöl zum Frittieren
Salz, Pfeffer
edelsüßes Paprikapulver

Zubereitung

Für den Kerbel-Dip die Mayo wie im Rezept beschrieben vegan oder vegetarisch zubereiten. Den Kerbel waschen, trocken schütteln und die Blättchen abzupfen: Mit der Mayo in einen hohen Becher geben und mit einem Stabmixer pürieren. Den Kerbeldip mit Kardamom, Salz und Pfeffer abschmecken. Bis zum Servieren kalt stellen.

Für den Curry-Ingwer-Dip die Mayo wie im Rezept beschrieben vegan oder vegetarisch zubereiten und mit Curry, Ingwer sowie Essig verrühren. Mit Salz und Pfeffer abschmecken und bis zum Servieren kalt stellen.

Für die Chips das Gemüse putzen, gegebenenfalls schälen, waschen und in sehr dünne Scheiben schneiden oder hobeln. Reichlich Öl in einem hohen Topf erhitzen. Die Gemüsechips darin portionsweise, je nach Sorte getrennt, nacheinander frittieren. Herausnehmen und auf Küchenpapier abtropfen lassen. Die noch warmen Chips mit den Gewürzen bestreuen und vorsichtig mischen. Gemeinsam mit den Dips genießen.

Schneller geht es…

Wem es zu aufwändig ist, die Mayo selbst herzustellen: Zur Not lässt sich ja auch immer noch auf gekaufte zurückgreifen.

vegan

Gefüllte Tofutaschen

Zutaten für 4 Stück
(Standzeit ca. 30 Minuten)

400 g Tofu
100 g Zuckerschoten
1 EL Pflanzenöl
Salz, Pfeffer
20 g Rohrohrzucker (Fairtrade)
100 ml Essig
100 ml Wasser
½ Zimtstange
Pflanzenöl zum Frittieren

Zubereitung

Den Tofu in 4 Scheiben schneiden, sodass man noch eine kleine Tasche zum Füllen einschneiden kann. Zuckerschoten putzen, waschen und in ganz feine Streifen schneiden. In einer Pfanne das Öl erhitzen und die Zuckerschoten darin bissfest anschwitzen. Mit je 1 Prise Salz, Pfeffer sowie Zucker würzen. Die Streifen in die Tofutaschen füllen und in eine kleine Auflaufform legen.

Für die Marinade den Essig, das Wasser, den restlichen Zucker und die Zimtstange in einem Topf aufkochen, über die Tofutaschen gießen und ca. 30 Minuten darin marinieren.

Reichlich Öl zum Frittieren erhitzen. Die Tofutaschen aus der Marinade nehmen und gut mit Küchenpapier abtupfen. Im heißen Öl portionsweise knusprig frittieren und auf Küchenpapier abtropfen lassen.

Die Tofutaschen als Beilage oder pur mit den Dips von Seite 95 servieren.

Welches Öl?

Zum Frittieren eignen sich am besten Sonnenblumen-, Maiskeim- oder Erdnussöl. Diese Öle lassen sich ohne Probleme stark erhitzen, da sie über einen hohen Rauchpunkt verfügen. Das Öl sollte immer sehr heiß sein (idealerweise 180 °C), bevor man das Frittiergut hineingibt, da es sich sonst mit zu viel Fett vollsaugt. Wie man weiß, wann die richtige Temperatur erreicht ist? Einfach ein Holzstäbchen ins Öl halten. Bilden sich daran Bläschen, ist es heiß genug.

vegan

Gefüllte Pilz-Tofutaschen auf Chinakohlbeet

Zutaten für 4 Portionen

150 g gemischte Pilze
½ Bund glatte Petersilie
1 EL Rapsöl
Salz, Pfeffer
Kümmelpulver
½ kleiner Chinakohl
200 ml Wasser
1 Beutel Eisenkrauttee
1 TL Rohrohrzucker (Fairtrade)
400 g Tofu
Pflanzenöl zum Frittieren

Zubereitung

Die Pilze putzen und in sehr kleine Würfel schneiden. Die Petersilie waschen, trocken schütteln, Blätter abzupfen und fein hacken. In einer Pfanne das Rapsöl erhitzen. Die Pilze darin anschwitzen, Petersilie zugeben und kurz durchschwenken. Alles kräftig mit Salz, Pfeffer und Kümmel abschmecken. Bis zur weiteren Verwendung warm halten.

Chinakohl putzen, in Streifen schneiden, waschen und trocken schleudern. Das Wasser aufkochen und den Teebeutel nach Packungsangabe ziehen lassen. Dann entfernen, den Zucker einrühren, die Chinakohlstreifen zugeben und ca. 10 Minuten ziehen lassen. Mit den Gewürzen abschmecken.

Den Tofu in nicht zu dünne Scheiben schneiden, sodass man noch eine Tasche zum Füllen einschneiden kann. Den Tofu mit der Pilzmasse füllen, die restlichen Pilze bis zum Servieren warm halten. Reichlich Pflanzenöl zum Frittieren erhitzen und die Tofutaschen darin ca. 3–4 Minuten portionsweise knusprig frittieren. Dann auf Küchenpapier abtropfen lassen.

Jeweils etwas Teesud mit dem Chinakohl in tiefe Teller geben, die Tofutaschen darin anrichten und die übrige Pilzmasse darüber verteilen.

 Veggie

Veggie-Variante

Käsefans können noch 25 g frisch geriebenen Parmesan zur Pilzmasse geben!

Maki-Sushi mit Avocado-Wasabi-Dip und Gari

Zutaten für 4 Portionen
(Standzeit ca. 13 Stunden)

Gari
10 cm Ingwerwurzel
1 TL Salz
100 ml Kräuteressig
50 g Rohrohrzucker
(Fairtrade)

Maki-Sushi
1 Karotte
½ kleiner weißer Bier-Rettich
40 ml Sojasauce
2 EL Sesamöl
40 ml Essig

2 EL Rohrohrzucker
(Fairtrade)
400 ml Wasser
200 g Sushi-Reis
Salz, Pfeffer
2 Noriblätter

Avocado-Wasabi-Dip
½ reife Avocado
¼ Salatgurke
1 TL Salz
1 TL Zitronensaft
½ TL Wasabipaste

Zubereitung

Für den Gari den Ingwer schälen und in dünne Scheiben schneiden oder hobeln. Die Scheiben mit Salz bestreuen und ca. 1 Stunde ziehen lassen. Den Essig mit dem Zucker aufkochen, den Ingwer zugeben und darin ziehen lassen. Den ausgekühlten Gari in ein Glas abfüllen und verschließen. Mindestens 12 Stunden kalt gestellt durchziehen lassen.

Für die Maki die Karotte und den Rettich putzen, schälen und in feine längliche Stifte schneiden. Die Gemüsestifte mit Sojasauce, Sesamöl, Essig und Zucker sowie 100 ml Wasser in eine Pfanne geben. Die Stifte aufkochen und bei mittlerer Temperatur ca. 3–5 Minuten bissfest kochen und warm halten. Das restliche Wasser aufkochen, den Reis zugeben und ca. 15 Minuten abgedeckt quellen lassen. Den Reis mit Salz und Pfeffer abschmecken und noch lauwarm auf die Noriblätter verteilen. Die Gemüsestifte aus dem Sud nehmen und mittig darauf verteilen. Die Noriblätter einrollen, am besten mit einer Sushimatte, und ca. 2 Stunden kalt stellen.

Für den Dip die Avocadohälfte und die Gurke schälen. Beides grob klein schneiden, mit einem Stabmixer fein pürieren und mit Salz, Zitronensaft und Wasabipaste abschmecken. Zum Anrichten die Rollen in Stücke schneiden, mit Gari, Avocado-Wasabi-Dip und dem Gemüsesud servieren.

Gewusst wie

In Europa werden – mehr oder weniger geschickt – Sushi meist mit Stäbchen verzehrt. Wer damit so seine Probleme hat, sei beruhigt: In Japan isst man Sushi klassisch mit den Fingern.

Rucola-Tomaten-Röllchen im Reisblatt mit Süßholzsud

Zutaten für 4 Portionen

Reisblattröllchen
2 Tomaten
½ Zwiebel
1 kleiner Bund Basilikum
40 g Rucola
Pflanzenöl zum Braten und Frittieren
Salz, Pfeffer
4 Reisblätter

Süßholzsud
1 Stange Süßholz
200 ml Wasser
100 g Agavendicksaft

Zubereitung

Für die Röllchen die Tomaten waschen, Strünke entfernen und in Würfel schneiden. Die Zwiebelhälfte schälen und ebenfalls in Würfel schneiden. Basilikum und Rucola waschen und trocken schütteln. Vom Basilikum die Blätter abzupfen und mit dem Rucola grob hacken.

In einer Pfanne etwas Öl erhitzen. Die Zwiebelwürfel darin anschwitzen. Tomatenwürfel und Rucola zugeben und mitanschwitzen. Zum Schluss Basilikum zugeben und mit Salz und Pfeffer würzen. Etwas abkühlen lassen.

Für den Sud das Süßholz im Wasser aufkochen und ca. 10 Minuten ziehen lassen. Das Süßholz entfernen, den Agavendicksaft zugeben und den Sud etwas einkochen.

Die Reisblätter nacheinander kurz in reichlich kaltem Wasser einlegen. Dann auf sauberen Küchenhandtüchern ausbreiten und etwas abtropfen lassen. Die Füllung darauf geben, die Seiten einklappen und zusammenrollen.

Reichlich Öl in einem hohen Topf oder einer Pfanne erhitzen. Die Röllchen darin portionsweise knusprig frittieren. Auf Küchenpapier abtropfen lassen. Die Rucola-Tomaten-Röllchen auf Teller verteilen und mit dem Sud anrichten.

Mit der Hand in den Mund...

Diese kleinen Röllchen eignen sich super als Fingerfood oder kleine Vorspeise. Wer mag, kann sie auch als Beilage zu einem Gericht servieren.

Kartoffeltürmchen im Tomatenbeet

Zutaten für 4 Portionen

Kartoffeltaler
350 g mehligkochende Kartoffeln
Salz
3 EL Kurkumapulver
Pfeffer
½ Bund Schnittlauch
Pflanzenöl zum Braten

Tomatenbeet
1 kleine Zwiebel
2 große Tomaten
Pflanzenöl zum Braten
Salz, Pfeffer

Deko
einige frittierte Rucolablätter

Zubereitung

Für die Taler die Kartoffeln schälen und klein würfeln. Einen Topf mit ausreichend Wasser, Salz und Kurkuma aufsetzen und die Kartoffelwürfel darin ca. 15–20 Minuten weich kochen. Dann abgießen, mit einem Kartoffelstampfer zu einem Püree zerdrücken und mit Salz und Pfeffer abschmecken. Den Schnittlauch waschen, trocken schütteln, in feine Röllchen schneiden und mit dem Kartoffelpüree vermischen.

Die Masse auf ein Stück Frischhaltefolie geben, mithilfe dieser zu einer gleichmäßigen Rolle formen und vollständig auskühlen lassen. Dann die Rolle in Scheiben schneiden. In einer Pfanne etwas Öl heiß werden lassen und darin die Taler portionsweise goldgelb braten. Bis zum Servieren warm halten.

Für das Tomatenbeet die Zwiebel schälen und in kleine Würfel schneiden. Die Tomaten waschen, Strünke entfernen und würfeln. In einer heißen Pfanne mit etwas Öl die Zwiebelwürfel glasig anschwitzen, dann die Tomatenwürfel zugeben und ca. 5 Minuten mitanschwitzen. Das Ragout mit Salz und Pfeffer würzen.

Auf den Tellern zuerst das Tomatenbeet mittig anrichten, darauf die Taler stapeln und nach Belieben mit frittiertem Rucola dekorieren.

Zum Dippen

Gut passt dazu noch ein veganer Dip von Seite 95 oder für eine Veggie-Variante ein toller Kräuterquark.

Gefüllte Zucchiniblüten mit Karottenpüree

Zutaten für 4 Portionen
(Standzeit ca. 30 Minuten)

Geliertes Karottenpüree
300 g Karottensaft
4 g Agar-Agar
Salz, Pfeffer

Hirse
300 ml Gemüsebrühe (s. S. 25)
100 g Hirse
1 Lorbeerblatt
½ Zimtstange
2 EL Sultaninen
Salz, Pfeffer

Vegane Füllung
(für jeweils 8 Zucchiniblüten)
120 g Salatgurke
100 g Mandelmus (s. S. 21)
Salz, Pfeffer

Vegetarische Füllung
(für jeweils 8 Zucchiniblüten)
120 g Salatgurke
150 g Speisequark
1 Ei
Salz, Pfeffer

Zucchiniblüten
1 Knoblauchzehe
8–16 Zucchiniblüten
Olivenöl zum Beträufeln

Zubereitung

Für das Karottenpüree den Saft und das Agar-Agar in einem Topf aufkochen. Die Masse in eine mit kaltem Wasser ausgespülte Form gießen und ca. 30 Minuten fest werden lassen. Das feste Gel mit einem Stabmixer zu einem feinen Püree mixen, mit Salz und Pfeffer abschmecken.

Für die Hirse die Gemüsebrühe aufkochen, die Hirse zugeben und bei geringer Temperatur ca. 7–10 Minuten kochen. Lorbeerblatt und Zimtstange zugeben und ca. 15 Minuten quellen lassen. Die Gewürze entfernen, Sultaninen zugeben und mit Salz und Pfeffer abschmecken.

Den Backofen auf 160 °C Umluft vorheizen.

Für die vegane Füllung die Gurke schälen und in sehr feine Würfel schneiden. Mit dem Mandelmus vermischen und mit Salz und Pfeffer abschmecken.

Für die vegetarische Füllung die Gurke schälen und in sehr feine Würfel schneiden. Mit Quark und Ei vermischen und mit Salz und Pfeffer kräftig würzen.

Für die Zucchiniblüten den Knoblauch schälen und in dünne Scheiben schneiden. Die Zucchiniblüten vorsichtig putzen, an der Spitze leicht öffnen und gegebenenfalls den Stempel entfernen. Die jeweilige Füllung hineingeben und die Blütenblätter vorsichtig zudrehen. Auf ein mit Backpapier belegtes Backblech legen, mit etwas Öl beträufeln und mit Knoblauch bestreuen. Im Backofen ca. 20 Minuten garen.

Die Hirse und das Karottenpüree auf Teller verteilen, die Zucchiniblüten darauf anrichten.

Hier blüht uns was!

Glücklicherweise sind die Blüten inzwischen nicht nur in Italien zu haben, sondern auch im Sommer auf den heimischen Wochenmärkten zu finden. Möglichst rasch verarbeiten, sie halten sich nicht sehr lang im Kühlschrank.

Kohlrabi-Kokosnuss auf Graupen

Zutaten für 4 Portionen

Kohlrabi-Kokosnuss
4 kleine Kohlrabis
Salz
2 Beutel Hagebuttentee
300 ml Gemüsebrühe (s. S. 25)
100 ml Kokosmilch
Pfeffer

Graupen
60 g Staudensellerie
½ Schalotte
300 ml Wasser
100 g Graupen
2 EL Sesamöl
1 EL Essig
Salz, Pfeffer

Hagebuttencoulis
20 g Rohrohrzucker (Fairtrade)

Zubereitung

Die Kohlrabis putzen, schälen, die Deckel abschneiden und beiseitelegen. Die Kohlrabis mit einem Messer oder Löffel aushöhlen, den Boden gerade schneiden und in die Deckel ein Loch stechen. Alles in einen Topf geben und mit Salzwasser bedeckt einmal aufkochen. Die Hagebuttenteebeutel zugeben, die Deckel ca. 5 Minuten, die Kohlrabis ca. 10–15 Minuten weich kochen, danach die Teebeutel entfernen.

Das Ausgehöhlte der Kohlrabis klein schneiden und in einem Topf in der Gemüsebrühe ca. 10 Minuten weich kochen. Mit einem Stabmixer pürieren, die Kokosmilch zugießen und aufmixen. Mit Salz und Pfeffer abschmecken.

Für die Graupen den Staudensellerie putzen, waschen und in kleine Würfel schneiden. Schalotte schälen und ebenfalls in kleine Würfel schneiden. Das Wasser aufkochen, die Graupen zugeben und je nach Körnergröße nach Packungsangabe weich kochen. Die Graupen abschütten, mit Sellerie- und Schalottenwürfeln, Sesamöl und Essig vermischen. Mit Salz und Pfeffer abschmecken.

Für die Coulis 100 ml Hagebuttenkochfond abmessen und mit dem Zucker zu einer siruppartigen Konsistenz einkochen.

Die Graupen auf Teller verteilen, die ausgehöhlten Kohlrabis darauf setzen, mit Kohlrabi-Kokos-Püree füllen, die Deckel auflegen und jeweils einen Trinkhalm hineinstecken. Mit Hagebuttencoulis beträufeln.

Es grünt so grün …

Das frische Selleriegrün nicht wegwerfen, es lässt sich prima als Dekoration einsetzen.

Vegan

Fenchelschiffchen mit Zwetschgen

Zutaten für 4 Portionen

40 g Cashewkerne (Fairtrade)
4 Fenchelknollen
300 ml Hibiskustee
10 g Birkenzucker
4 Zwetschgen oder Pflaumen
Olivenöl zum Braten
Salz, Pfeffer
2 TL naturtrüber Apfelessig
Kümmelpulver

Zubereitung

Die Cashewkerne in einem Standmixer fein mahlen und beiseitestellen.

Die Fenchelknollen in die einzelnen Blätter trennen und 8 schöne aussuchen. Diese putzen und waschen. Den restlichen Fenchel ebenfalls putzen, waschen und in dünne Streifen schneiden. Die 8 Fenchelblätter in einen Topf mit dem Hibiskustee geben, aufkochen und bei mittlerer Temperatur ca. 10–15 Minuten weich kochen. Dann herausnehmen und warm halten. Den Birkenzucker im Hibiskustee auflösen und alles sirupartig zu einer Sauce einkochen.

Die Zwetschgen oder Pflaumen waschen, halbieren, entsteinen und in kleine Würfel schneiden. In einer Pfanne 2 EL Öl erhitzen und die Fenchelstreifen darin weich dünsten. Zum Schluss die Zwetschgen- bzw. Pflaumenwürfel zugeben und heiß werden lassen. Mit Salz und Pfeffer abschmecken und mit Essig und Kümmel verfeinern.

In die warmen Fenchelschiffchen füllen, je zwei auf einem Teller anrichten, mit der Hibiskussauce garnieren und mit den gemahlenen Cashewkernen bestreuen.

Stolperfalle Essig

Beim Apfelessig darauf achten, dass es sich um ein veganes Produkt handelt, das nicht mit Gelatine geklärt wurde (siehe auch Einkaufsratgeber ab Seite 12).

vegan

Gebratene Kichererbsen-Bananenbällchen

Zutaten für 4 Portionen

1 Dose (400 g) Kichererbsen
(Abtropfgewicht ca. 250 g)
1 große Banane (Fairtrade)
1 Spritzer Zitronensaft
1 Messerspitze Kreuzkümmelpulver
1 Messerspitze Currypulver
Salz, Pfeffer
2–3 EL Kichererbsenmehl oder Okara (s. S. 18)
150 g Sonnenblumenkerne
Pflanzenöl zum Braten
1 kleiner Bund Koriander
150 ml Gemüsebrühe (s. S. 25)
120 g gekochte Rote Bete

Zubereitung

Die Kichererbsen gut abtropfen lassen, mit einem Stabmixer fein pürieren. Die Banane schälen, mit einer Gabel zerdrücken und mit dem Zitronensaft beträufeln. Mit dem Kichererbsenpüree und den Gewürzen gut vermischen. Je nach Konsistenz noch Kichererbsenmehl oder Okara untermischen. Zum Schluss nochmals abschmecken.

Die Masse mit angefeuchteten Händen zu kleinen Kugeln rollen und in den Sonnenblumenkernen wälzen. In einer Pfanne ausreichend Öl erhitzen und die Bällchen darin rundherum knusprig braten.

Den Koriander waschen, trocken schütteln, Blättchen von den Stängeln zupfen und hacken. Gemüsebrühe und Rote Bete mit einem Stabmixer pürieren. Das Püree in einen Topf geben, aufkochen und bei mittlerer Temperatur einige Minuten einkochen. Mit Salz, Pfeffer und etwas Koriander abschmecken.

Die Sauce auf Teller geben, die Kichererbsen-Bananenbällchen darauf verteilen und mit dem restlichen Koriander dekorieren.

Allrounder

Die Bällchen eignen sich gut als Snack für zwischendurch, für ein Picknick oder auch als Beilage. Nach Geschmack können die Bällchen mit gerösteten Pinienkernen oder auch Kürbiskernen variiert werden.

vegan

Spargel mit Sauce hollandaise

Zutaten für 2 Portionen

500 g weißer Spargel
1 kleine Schalotte
180 ml Sojadrink (s. S. 18)
40 ml Wasser
1 Lorbeerblatt
Salz
25 ml Essig
80 ml Rapsöl
Pfeffer
Kurkumapulver

Zubereitung

Den Spargel schälen und das untere holzige Ende abschneiden. Den Spargel in einem Dampfgarer bei 100 °C und 100 % Luftfeuchtigkeit, je nach Dicke der Stangen, in ca. 20–25 Minuten bissfest dämpfen.

Die Schalotte schälen, fein würfeln und mit Sojadrink, Wasser, Lorbeerblatt sowie 1 Prise Salz erwärmen. Zum Schluss den Essig zugeben, das Lorbeerblatt entfernen und alles in einen hohen Becher geben. Die Sauce mithilfe eines Stabmixers cremig aufschlagen. Das Rapsöl erwärmen und während des Aufschlagens in einem dünnen Strahl einlaufen lassen, bis eine homogene Masse entsteht. Kräftig mit Salz und Pfeffer abschmecken, mit Kurkumapulver verfeinern.

Den Spargel zusammen mit der Sauce hollandaise auf Tellern anrichten.

Gerätetipp: HotWhip für Profis

Wer einen HotWhip zu Hause hat, kann seine Sauce auch schnell in diesem genialen Küchengerät zubereiten. Dafür die gewürfelte Schalotte mit Essig, Wasser, Lorbeerblatt und 1 Prise Salz im HotWhip auf ca. 75 °C erwärmen. Den Sojadrink zugießen und bei gleicher Temperatureinstellung auf Stufe 1 ca. 3 Minuten laufen lassen. Danach das erwärmte Rapsöl in dünnem Strahl langsam einlaufen lassen und weiter verfahren, wie im Rezept beschrieben. Zum Schluss das Lorbeerblatt entfernen.

Gefüllte Kartoffeln mit Spinatsauce

Zutaten für 4 Portionen

Gefüllte Kartoffeln
2 mittelgroße Kartoffeln
Salz
100 g gekochtes Sauerkraut
Pfeffer
2 TL frisch geriebene Meerrettichwurzel

Spinatsauce
20 g frischer Blattspinat
½ Stange Staudensellerie
100 g mehligkochende Kartoffeln
½ Zwiebel
1 EL Pflanzenöl
300 ml Gemüsebrühe (s. S. 25)
Salz, Pfeffer

Zubereitung

Den Backofen auf 180 °C Umluft vorheizen.

Die Kartoffeln waschen und in ausreichend Salzwasser ca. 15–20 Minuten kochen. Dann abschütten, etwas ausdampfen lassen, längs halbieren und mithilfe eines Löffels etwas aushöhlen. Die Kartoffelmasse mit einer Gabel zerdrücken, mit dem Sauerkraut vermischen und mit Salz und Pfeffer abschmecken. In die Kartoffelhälften füllen, auf ein mit Backpapier belegtes Backblech geben und im Ofen ca. 20 Minuten backen.

Für die Spinatsauce Spinat und Sellerie putzen und waschen. Spinat gut abtropfen lassen. Den Sellerie in Würfel schneiden. Kartoffeln und Zwiebelhälfte schälen und in kleine Würfel schneiden. In einer Pfanne das Öl heiß werden lassen. Die Zwiebelwürfel darin anbraten. Kartoffeln, Sellerie und Spinat zugeben und kurz mitbraten. Mit Gemüsebrühe aufgießen und ca. 10 Minuten weich garen. Anschließend mit einem Stabmixer fein pürieren, nach Belieben durch ein Sieb streichen. Mit Salz und Pfeffer abschmecken.

Zum Servieren die Spinatsauce in einen tiefen Teller geben, eine Kartoffelhälfte darauf geben und mit dem Meerrettich bestreuen.

Außerhalb der Saison

Wenn saisonbedingt kein frischer Spinat erhältlich ist, kann auch auf tiefgefrorenen Blattspinat zurückgegriffen werden. Diesen dafür vor der Verarbeitung auftauen lassen und wie im Rezept beschrieben zubereiten.

veggie

Brotpizza „Caprese"

Zutaten für ca. 2 Stück
(Standzeit ca. 1 Stunde)

½ Würfel (21 g) Hefe
100–200 ml lauwarmes Wasser
250 g Vollkornmehl
4 EL kalt gepresstes Olivenöl
Salz
200 g Kirschtomaten
1 Knoblauchzehe
100 ml passierte Tomaten
Pfeffer
Rohrohrzucker (Fairtrade)
1 Kugel (125 g) Mozzarella
Vollkornmehl zum Bearbeiten
½ Bund Basilikum

Zubereitung

Die Hefe in 100 ml lauwarmem Wasser auflösen. Mit Mehl, 2 EL Olivenöl und 1 kräftigen Prise Salz in die Rührschüssel einer Küchenmaschine geben und ca. 10 Minuten verkneten. Nach Bedarf noch etwas Wasser zugießen. Den Teig mit einem sauberen, angefeuchteten Küchenhandtuch abgedeckt an einem warmen Ort ca. 1 Stunde gehen lassen.

Den Backofen auf 180 °C Umluft vorheizen. Ein Backblech mit Backpapier belegen.

Die Tomaten waschen und halbieren. Den Knoblauch schälen und pressen. Alles mit den passierten Tomaten und dem restlichen Olivenöl verrühren. Mit Salz, Pfeffer und 1 Prise Zucker abschmecken. Den Mozzarella abtropfen lassen und in Würfel schneiden oder in kleine Stücke reißen.

Den Teig auf einer leicht bemehlten Arbeitsfläche nochmals durchkneten. In 2 Portionen teilen, zu Kugeln formen und dünn ausrollen. Die Brotfladen mit etwas Abstand auf das Backblech legen. Mit Tomatensauce bestreichen, Tomaten und Mozzarella darauf verteilen. Mit Salz und Pfeffer bestreuen.

Im Backofen ca. 10–15 Minuten backen. In der Zwischenzeit Basilikum waschen, trocken schütteln und die Blättchen von den Stängeln zupfen. Die fertigen Brotpizzen damit bestreuen und sofort servieren.

 vegan

Vegane Variante

Wer's nicht vegetarisch, sondern vegan will: Einfach den Mozzarella gegen den veganen Käse (s. S. 116) austauschen.

aufgemotzt

& aufgetischt

 Käsefondue

Zutaten für 2 Personen

2 Knoblauchzehen
50 g Hefeflocken
20 g Weizenmehl
30 g Maisstärke
70 ml Olivenöl
600 ml Wasser
edelsüßes Paprikapulver
1 EL Kirschwasser
400 g Brot (z. B. Bier-Brot, s. S. 45)

Zubereitung

Die Knoblauchzehen schälen, halbieren und zusammen mit den restlichen Zutaten in einem Caquelon bzw. Fonduetopf unter Rühren erwärmen. Das Fondue auf einem Rechaud warm halten.

Das Brot in Würfel schneiden, auf Fonduegabeln spießen, hineintunken und genießen.

Veganer Käse

Die „Käsemasse" wie im Rezept beschrieben, jedoch ohne Kirschwasser zubereiten, in eine mit Frischhaltefolie ausgelegte Form gießen und auskühlen lassen. So erhält man einen veganen Käse, der als Belag, z. B. für die Brotpizzen (s. S. 113), verwendet werden kann.

Veggie-Variante

Für ein „echtes" Käsefondue jeweils 200 g geriebenen Greyerzer und Appenzeller mit 200 ml Weißwein, 1 EL Maisstärke, 2 geschälten Knoblauchzehen und etwas edelsüßem Paprikapulver in einem Caquelon unter Rühren langsam erwärmen, bis der Käse geschmolzen ist und wie oben beschrieben genießen.

Spätzle mit Pilzen, Radieschen und Spinat

Zutaten für 2–4 Portionen

Spätzle
150 g Spätzlemehl
3 Eigelb
100 ml Gemüsebrühe (s. S. 25)
Salz, Pfeffer

Gemüse
200 g gemischte Pilze der Saison
(z. B. Champignons, Pfifferlinge)
2 Bund Radieschen
50 g frischer Blattspinat
Olivenöl zum Braten
Salz, Pfeffer
Muskatnuss

Zubereitung

Für die Spätzle das Mehl in eine Schüssel geben. Eigelbe und Gemüsebrühe zugeben, mit einem Schneebesen oder Löffel zu einem glatten Teig verarbeiten und mit Salz und Pfeffer würzen. Den Teig kurz ruhen lassen und in der Zwischenzeit in einem Topf reichlich Wasser mit Salz zum Kochen bringen. Den Teig portionsweise in eine Spätzlepresse geben und in das kochende Wasser pressen. Sobald die Spätzle oben schwimmen, herausnehmen und in reichlich kaltem Wasser abschrecken.

Für das Gemüse die Pilze säubern und klein schneiden. Die Radieschen putzen, waschen und vierteln. Einige schöne Radieschenblätter heraussuchen, waschen, trocken schütteln, in feine Streifen schneiden und für die Dekoration beiseitelegen. Den Spinat putzen, waschen, trocken schleudern und in dünne Streifen schneiden.

In einer Pfanne etwas Öl erhitzen. Die Pilze darin braten, salzen, pfeffern, herausnehmen und warm halten. Die Radieschen in der Pfanne bissfest andünsten, würzen und ebenfalls herausnehmen. Erneut etwas Öl in der Pfanne erwärmen. Die Spätzle zugeben und darin unter mehrmaligem Schwenken heiß werden lassen. Pilze, Radieschen und den Spinat zugeben. Alles untermischen und nochmals erwärmen. Mit Salz, Pfeffer und 1 Prise frisch geriebener Muskatnuss abschmecken.

Die Spätzle mit dem Gemüse in tiefen Tellern anrichten und mit den klein geschnittenen Radieschenblättern bestreuen.

Vegane Variante

Genauso leicht wie herkömmliche Spätzle lässt sich eine köstliche vegane Variante zubereiten. Die Eigelbe werden einfach durch 50 ml Kokosmilch ersetzt.

Pasta mit Flower Sprout und Orangen-Vanillesauce

Zutaten für 4 Portionen

Orangen-Vanillesauce
1 Vanilleschote (Fairtrade)
400 ml Orangensaft
2 EL Maisstärke
3 Wacholderbeeren
Salz, Pfeffer
Gemüsebrühe (s. S. 25), nach Bedarf

Pasta
250 g Tagliatelle aus Hartweizengrieß
Salz
2 Chicorée
200 g Flower Sprout oder Schwarzkohl
1 rote Zwiebel
1 kleiner Bund Dill
3 EL Olivenöl zum Anschwitzen
Pfeffer

Zubereitung

Für die Sauce die Vanilleschote längs halbieren und das Mark herauskratzen. In einem Topf den Orangensaft mit der Maisstärke und dem Vanillemark verrühren und unter Rühren aufkochen. Die Wacholderbeeren zugeben, salzen und pfeffern und bis zum Anrichten warm halten. Falls die Sauce zu dick ist, mit einem Schuss Gemüsebrühe verdünnen.

Die Tagliatelle nach Packungsangabe in reichlich Salzwasser bissfest kochen.

Chicorée putzen, längs halbieren, Strunk herausschneiden und in dünne Streifen schneiden. Die Chicoréestreifen waschen und trocken schleudern. Flower Sprout oder Schwarzkohl klein zupfen bzw. schneiden, gründlich waschen und trocken schleudern. Die Zwiebel schälen, halbieren und ebenfalls in dünne Streifen schneiden. Dill waschen, trocken schütteln, Spitzen abzupfen und fein hacken.

In einer Pfanne das Öl erhitzen, Zwiebel und Chicorée darin kräftig anschwitzen, Flower Sprout bzw. Kohl zugeben und mitanschwitzen. Die Nudeln abschütten, abtropfen lassen und sofort mit dem Gemüse vermischen. Kräftig mit Salz und Pfeffer würzen. Zum Schluss den Dill unterrühren. In tiefen Tellern verteilen und mit der Orangen-Vanillesauce beträufeln.

Junges Gemüse!

Flower Sprout ist eine Kreuzung aus Rosenkohl und Grünkohl. Er ähnelt von seinem Wuchs her dem Rosenkohl, die Knospen sind jedoch nicht geschlossen und erinnern an Grünkohl. Geschmacklich ist Flower Sprout deutlich süßer als die „elterlichen" Kohlsorten. Daher passt er hervorragend zur Orangen-Vanillesauce. Sollte Ihr Gemüsehändler noch nicht über Flower Sprout im Sortiment verfügen, greifen Sie einfach auf Schwarz- bzw. Grünkohl oder aber Wirsing zurück.

vegan

Zucchini-Kürbis-Gratin mit Sesam

Zutaten für 4 Portionen

1 Hokkaidokürbis (ca. 400 g)
2 Zucchini
1 Knoblauchzehe
5 Zweige Thymian
250 g Seidentofu (s. S. 26)
300 ml Sojadrink (s. S. 18)
Salz, Pfeffer
Olivenöl zum Braten und Einfetten
Muskatnuss
3 EL Sesamsamen

Zubereitung

Den Backofen auf 180 °C Umluft vorheizen.

Den Kürbis gegebenenfalls schälen oder waschen, dann halbieren, entkernen und in kleine Würfel schneiden. Die Zucchini putzen, waschen und ebenfalls würfeln. Knoblauchzehe schälen und durch eine Presse drücken. Den Thymian waschen, trocken schütteln und die Blättchen abzupfen. Seidentofu und Sojadrink mit einem Stabmixer pürieren. Die Masse kräftig salzen und pfeffern.

In einer Pfanne etwas Öl erhitzen, das Gemüse darin portionsweise kurz anbraten. Zum Schluss den Knoblauch zugeben. Kräftig mit Salz und Pfeffer und 1 Prise frisch geriebener Muskatnuss würzen.

Eine kleine Auflaufform mit etwas Öl auspinseln, das Gemüse darin verteilen und mit der Sojamasse aufgießen. Zum Schluss mit Sesam bestreuen. Im Backofen ca. 30–35 Minuten backen.

Das Gratin pur genießen oder als Beilage z. B. zu Seitan (s. S. 29) oder den gefüllten Tofutaschen (s. S. 96/97) servieren.

Lust auf Kürbis?

Hokkaidokürbis muss nicht geschält werden. Zudem lässt sich Kürbis sowohl roh als auch gekocht gut einfrieren und so auf Vorrat halten, sodass man ihn auch außerhalb der Saison genießen kann.

Jasminreis im Chinakohlmantel

Zutaten für 4 Portionen

Chinakohlröllchen
180 g Jasminreis (Fairtrade)
½ Zimtstange
1 Kästchen Kresse
1 mittelgroßer Chinakohl
Salz
ca. 750 ml Gemüsebrühe (s. S. 25)

Paprikapüree
1 kleine Zwiebel
1 rote Paprikaschote
1 EL Olivenöl zum Braten
300 ml Gemüsebrühe (s. S. 25)
Salz, Pfeffer

Gebratene Champignons
100 g braune Champignons
1 EL Olivenöl zum Braten
Salz, Pfeffer

Zubereitung

Den Backofen auf 180 °C Umluft vorheizen.

Für die Chinakohlröllchen den Jasminreis nach Packungsangabe mit der Zimtstange weich kochen, eventuell zurückgebliebenes Wasser abschütten und etwas abkühlen lassen. Die Kresse unter fließendem Wasser abspülen, trocken schütteln und mit einer Schere die Blättchen abschneiden. Etwas Kresse für die Deko beiseitelegen. Den Rest mit dem Reis vermischen und zu 4 länglichen Rollen formen.

Den Chinakohl putzen, je nach Größe 4 große oder 8 kleine Blätter abtrennen, Strünke herausschneiden und in reichlich kochendem Salzwasser kurz garen. In kaltem Wasser abschrecken und auf sauberen Küchenhandtüchern ausgelegt abtropfen lassen.

Zum Füllen je 1 großes oder 2 kleine Blätter leicht überlappend nebeneinander legen, die vorgeformten Reisrollen darauf verteilen und aufrollen. Mit den Nahtseiten nach unten in eine Auflaufform geben. So viel Gemüsebrühe angießen, dass der Boden damit ca. 1 cm hoch bedeckt ist. Die Kohlröllchen ca. 20 Min. im Backofen garen.

Für das Paprikapüree die Zwiebel schälen und würfeln. Paprika waschen, halbieren, Kerne und weiße Innenhäute entfernen und klein schneiden. Das Öl in einer Pfanne erhitzen, Zwiebel und Paprika darin kurz anbraten, die Gemüsebrühe zugießen, aufkochen und bei mittlerer Temperatur weich garen. Mit einem Stabmixer pürieren, mit Salz und Pfeffer abschmecken, dann warm halten.

Die Champignons säubern und vierteln. In einer Pfanne das Öl erhitzen und die Champignons darin gleichmäßig braten. Mit Salz und Pfeffer abschmecken.

Die fertigen Kohlröllchen in der Mitte halbieren und auf dem Paprikapüree anrichten. Die Champignons um die Röllchen verteilen und mit der restlichen Kresse garnieren.

Der Duft der Ferne

Dank seiner leicht „klebrigen" Eigenschaften, ist der Jasminreis perfekt geeignet für kompaktere Zubereitungen wie für die Röllchen in diesem Rezept. Sein Duft erinnert an Jasminblüten.

Gegrillte Apfelschnitze auf schwarzem Couscous mit Kokos-Curry-Sauce

Zutaten für 4 Portionen

Kokos-Curry-Sauce
1 Dose (165 ml) Kokosmilch
2 TL Currypulver
Salz, Pfeffer

Apfelschnitze
2 Granny-Smith-Äpfel
Salz, Pfeffer

Schwarzer Couscous
200 ml Gemüsebrühe (s. S. 25)
1 TL schwarzer Curry
(alternativ schwarze Lebensmittelfarbe)
1 Messerspitze Zimtpulver
80 g Instant-Couscous
1 Lorbeerblatt

Zubereitung

Für die Sauce die Kokosmilch in einen Topf geben, Currypulver einrühren und die Flüssigkeit bei mittlerer Temperatur auf die Hälfte einkochen. Anschließend mit Salz und Pfeffer abschmecken und bis zum Servieren warm halten.

Die Äpfel schälen, vierteln und das Kerngehäuse entfernen. In Spalten schneiden und mit Salz und Pfeffer würzen. Eine Grillpfanne erhitzen und die Apfelschnitze darin von beiden Seiten gleichmäßig grillen, bis sie ein schönes Muster bekommen. Herausnehmen und warm halten.

Für den Couscous in einem Topf die Gemüsebrühe aufkochen, den schwarzen Curry und den Zimt mit einem Schneebesen einrühren. Couscous und Lorbeerblatt zugeben und bei geringer Temperatur abgedeckt ca. 8 Minuten quellen lassen. Das Lorbeerblatt entfernen.

Den Couscous mittig auf Tellern anrichten, die Apfelschnitze gleichmäßig darauf verteilen und mit der Sauce beträufeln.

Guter Tausch

Es gibt auch die Möglichkeit, Couscous gegen Hirse auszutauschen. Dann ist dieses Gericht nicht nur vegan, sondern auch glutenfrei. Gut schmeckt es übrigens auch mit dem typisch nordafrikanischen Gewürz Ras el Hanout anstatt schwarzem Curry und Zimt.

 **Veggie**

Sauerkrautröllchen mit Kartoffel-Apfel-Gemüse

Zutaten für 4 Portionen

Sauerkrautröllchen
4 Reisblätter
350 g gekochtes Sauerkraut
Salz, Pfeffer
1 TL flüssiger Honig (Fairtrade)
Pflanzenöl zum Frittieren

Maronen
120 g gegarte Maronen
Rohrohrzucker (Fairtrade)
200 ml Sahne

Kartoffel-Apfel-Gemüse
1 kleiner Bund Kerbel
2 festkochende Kartoffeln
2 kleine Äpfel
Olivenöl zum Braten
Salz, Pfeffer
Rohrohrzucker (Fairtrade)

Cassissauce
200 ml Roter Johannisbeersaft
1–2 Messerspitzen Xanthan
Salz, Pfeffer

Zubereitung

Die Reisblätter kurz in reichlich kaltem Wasser einlegen, herausnehmen und auf einem sauberen Küchenhandtuch auslegen. Das Sauerkraut gut ausdrücken, mit Salz und Pfeffer kräftig würzen und mit Honig verfeinern. Die Füllung auf den Reisblättern verteilen, die Seiten über die Füllung klappen und dann zu festen Röllchen aufrollen.

In einem hohen Topf reichlich Öl zum Frittieren erhitzen. Die Röllchen auf eine Schaumkelle setzen und vorsichtig nach und nach ins heiße Öl gleiten lassen. Die Röllchen sollten sich beim Frittieren nicht berühren, da sie sonst zusammenkleben. Sobald sie an der Oberfläche schwimmen, herausnehmen und auf Küchenpapier abtropfen lassen. Bis zum Anrichten warm halten.

Die Maronen klein schneiden. 1 gehäuften EL Zucker in einer Pfanne schmelzen, Maronen zugeben, kurz darin schwenken und mit der Sahne aufgießen. Bei mittlerer Temperatur cremig einkochen.

Für das Gemüse den Kerbel waschen, trocken schütteln und die Blättchen abzupfen. Die Kartoffeln schälen, waschen und in dünne Scheiben schneiden oder hobeln. Die Äpfel waschen, vierteln, Kerngehäuse entfernen und in Spalten schneiden. 2 EL Öl in einer Pfanne erhitzen, die Kartoffelscheiben zugeben und darin bissfest braten. Gegebenenfalls noch etwas Öl zugeben. Kurz vor Ende die Apfelspalten zugeben und mitbraten. Den Kerbel zum Schluss untermischen und mit Salz, Pfeffer sowie 1 Prise Zucker abschmecken. Für die Sauce den Johannisbeersaft in einem kleinen Topf mit dem Xanthan aufkochen und zur gewünschten Konsistenz einkochen. Mit Salz und Pfeffer abschmecken.

Die gebratenen Kartoffelscheiben und Apfelspalten auf Teller geben, die Sauerkrautröllchen darauf legen und die Maronen um alles herum verteilen. Zum Schluss mit der Sauce garnieren und sofort servieren.

 Vegan

Vegane Variante

Mit der Soja-Schlagcreme von Seite 20 statt Sahne zubereiten sowie den Honig mit Rohrohrzucker austauschen.

Gebratener Seitan mit gegrilltem Blumenkohlpüree

Zutaten für 2 Portionen
(Standzeit ca. 1 Stunde)

Seitan & Gemüse
250 g Seitan (s. S. 29)
1 rote Paprikaschote
1 Aubergine
3 EL Olivenöl zum Braten
Salz, Pfeffer

Blumenkohlpüree
250 g Blumenkohl
1 Knoblauchzehe
1 Zweig Thymian
3 EL Olivenöl zum Braten
200 ml Gemüsebrühe (s. S. 25)
Salz, Pfeffer

Zubereitung

Den Seitan in Würfel schneiden. Paprika waschen, halbieren, Kerne und weiße Innenhäute entfernen und würfeln. Aubergine putzen, waschen und ebenfalls in Würfel schneiden. Alles zusammen in einer Schüssel vermischen und mit Olivenöl, Salz und Pfeffer ca. 1 Stunde marinieren. Das Ganze in einer Pfanne knusprig bissfest braten.

Für das Püree den Blumenkohl putzen und in dünne Scheiben schneiden. Knoblauch schälen und durch eine Presse drücken. Thymian waschen, trocken schütteln und die Blättchen abzupfen. Knoblauch, Thymian und Öl verrühren und die Blumenkohlscheiben darin ca. 1 Stunde marinieren.

In einer Grillpfanne den Blumenkohl kräftig anbraten, damit Röstaromen entstehen. Anschließend in Gemüsebrühe weich garen. Dann herausnehmen und mit einem Stabmixer fein pürieren. Dabei so viel Gemüsebrühe zugießen, dass ein cremiges Püree entsteht. Mit Salz und Pfeffer abschmecken.

Das Püree auf Teller verteilen und den gebratenen Seitan sowie die Gemüsewürfel darauf anrichten.

Püree – clever variiert

Eine Variante in Farbe und Geschmack ergibt sich, wenn der Blumenkohl gegen Brokkoli ausgetauscht bzw. Romanesco verwendet wird.

vegan

Gebratene Honigmelone in Senf-Basilikum-Brothülle

Zutaten für 4 Portionen

Tomatensauce
4 Tomaten
1 EL Olivenöl zum Anschwitzen
1 Knoblauchzehe
Salz, Pfeffer
Rohrrohrzucker (Fairtrade)

Paprikagemüse
2 große gelbe Paprikaschoten
2 EL Olivenöl zum Braten
Salz, Pfeffer

Gebratene Honigmelone
1 kleine Honigmelone
1 Bund Basilikum
80 g Semmelbrösel
3 EL scharfer Senf
Salz, Pfeffer
Olivenöl zum Braten

Anrichten
½ Kästchen Kresse

Zubereitung

Die Tomaten mit kochendem Wasser überbrühen, häuten, Strünke entfernen und in Würfel schneiden. Die Knoblauchzehe schälen und fein hacken. Das Öl in einem kleinen Topf erhitzen, den Knoblauch darin bei mittlerer Temperatur anschwitzen, die Tomatenwürfel zugeben und mitanschwitzen, bis sie ganz leicht zerfallen. Dabei gelegentlich rühren. Mit Salz, Pfeffer und 1 Prise Zucker abschmecken. Bis zum Anrichten warm halten.

Für das Paprikagemüse die Paprikaschoten waschen, halbieren, Kerne und weiße Innenhäute entfernen und in kleine Würfel schneiden. In einer Pfanne das Öl erhitzen und die Würfel darin bissfest anschwitzen. Zum Schluss mit Salz und Pfeffer abschmecken und warm halten.

Die Honigmelone schälen, halbieren, entkernen und in Spalten schneiden. Das Basilikum waschen, trocken schütteln, Blätter abzupfen und fein hacken. Mit den Semmelbröseln vermischen. Die Honigmelonenspalten mit Senf bestreichen und kräftig mit Salz und Pfeffer würzen. In der Semmelbrösel-Basilikummischung wenden und diese gut andrücken. Reichlich Öl in einer Pfanne erhitzen und die Melonenspalten darin portionsweise goldgelb braten.

Die Kresse unter fließendem Wasser abspülen, trocken schütteln und Blättchen mit einer Schere abschneiden. Die Paprikawürfel auf Tellern anrichten, die Tomatensauce drumherum verteilen, die gebackenen Honigmelonenspalten daneben legen und mit der Kresse garnieren.

Reifezeit

Bei der Melone darauf achten, dass sie nicht zu reif ist, da sonst die Spalten instabiler sind und sich nicht so gut verarbeiten lassen. Alternativ zur Honigmelone eignen sich auch Cavaillon- oder Cantaloupemelone.

vegan

Hirse-Feigenküchlein auf Zucchininudeln mit Limettendrops

Zutaten für 4 Portionen
(Standzeit ca. 2 Stunden)

Limettendrops
50 ml frisch gepresster Limettensaft
250 ml Wasser
40 g Rohrohrzucker (Fairtrade)
6 g Gellan
Mark von ½ Vanilleschote (Fairtrade)

Hirse-Feigenküchlein
200 g Hirse
200 g getrocknete Feigen
100 ml Wasser
Salz, Pfeffer
Pflanzenöl zum Frittieren

Zucchininudeln
2 Zucchini
2 EL Pflanzenöl
Salz, Pfeffer

Zubereitung

Für die Limettendrops alle Zutaten in einem Topf unter Rühren aufkochen. Dann in eine mit kaltem Wasser ausgespülte Form geben. Kalt gestellt ca. 2 Stunden gelieren lassen. Vor dem Anrichten das Gel mit einem Stabmixer pürieren und in eine Spritzflasche füllen.

Für die Küchlein die Hirse nach Packungsangabe bissfest kochen. Die Feigen mit der Hirse und dem Wasser in einem Standmixer gut zerkleinern. Die Masse mit Salz und Pfeffer abschmecken, mit angefeuchteten Händen kleine Küchlein formen und diese portionsweise in reichlich Öl goldgelb ausbacken. Herausnehmen, auf Küchenpapier abtropfen lassen und bis zum Servieren warm halten.

Zucchini putzen, waschen und mit einem Sparschäler oder einem Gemüsehobel längs dünne Streifen abschälen. Die Streifen übereinander legen und in dickere „Zucchininudeln" schneiden. Eine Pfanne mit dem Öl erhitzen, die Streifen darin braten und anschließend mit Salz und Pfeffer abschmecken.

Aus den Zucchininudeln mittig auf Tellern ein Nest formen, die Hirse-Feigenküchlein darauf setzen und mit der Spritzflasche rundherum kleine Limettendrops platzieren.

Aufgehübscht

Als Dekoration eignen sich frittierte Glasnudeln. Wie es funktioniert wird auf Seite 79 beschrieben.

 Vegan

Mango vom Grill auf gebratenen Süßkartoffeln mit Basilikumöl

Zutaten für 4 Portionen

Basilikumöl
1 Schalotte
1 kleiner Bund Basilikum
100 ml kalt gepresstes Olivenöl
Saft von ½ Zitrone
20 g Pinienkerne
Salz, Pfeffer

Mangos & Süßkartoffeln
2 Süßkartoffeln (ca. 500 g)
Salz
Kokosaufstrich (s. S. 22)
Pfeffer
3 reife Mangos

Zubereitung

Für das Basilikumöl die Schalotte schälen und würfeln. Basilikum waschen, trocken schütteln und Blätter abzupfen. Einige Blätter für die Dekoration beiseitelegen, den Rest in feine Streifen schneiden. Olivenöl mit Zitronensaft, Pinienkernen und Basilikum vermischen. Zum Schluss mit Salz und Pfeffer abschmecken.

Die Süßkartoffeln schälen, der Länge nach halbieren und in Würfel schneiden. In ausreichend Salzwasser bissfest kochen, abschütten und ausdampfen lassen. Eine Pfanne mit etwas Kokosaufstrich erhitzen und die Süßkartoffelwürfel darin kurz anbraten. Mit Salz und Pfeffer würzen. Die Mangos schälen und das Fruchtfleisch in großen Stücken vom Kern schneiden. In einer heißen Grillpfanne so braten, dass die Mangos ein schönes Muster erhalten.

Zum Anrichten die gebratenen Süßkartoffeln mittig auf Tellern anrichten und die Mangos darauf geben. Mit dem Basilikumöl beträufeln und mit den -blättern dekorieren.

Ein Hauch von Exotik

Dieses Gericht schmeckt nicht nur mit Mango, sondern auch toll mit Papaya oder Kaki.

Wassermelone vom Grill mit Pfefferminzsauce und Gemüsecouscous

Zutaten für 4 Portionen
(Standzeit ca. 3 Stunden)

Gegrillte Wassermelone
½ kleine rote **Wassermelone**
Salz
Pflanzenöl zum Braten

Gemüsecouscous
2 **Karotten**
2 kleine **Brokkoli**
Pflanzenöl zum Braten
Salz, Pfeffer

Pfefferminzsauce
1 kleine **Zwiebel**
2 **Frühlingszwiebeln**
1 EL **Erdnussöl**
350 ml **Soja- oder Haferdrink** (s. S. 18/19)
1 kleiner Bund **Pfefferminz**
Salz, Pfeffer

Zubereitung

Die Wassermelone halbieren, entkernen, schälen und aus dem Fruchtfleisch schöne Stücke schneiden. Die Stücke etwas salzen, in geeignete Beutel geben und vakuumieren. Dann ca. 3 Stunden ruhen lassen. Das Salz entzieht der Melone das Wasser und macht sie dadurch für das Grillen stabiler. Falls kein Vakuumiergerät vorhanden sein sollte, die Melonenstücke fest in Gefrierbeutel wickeln. Kurz vor dem Anrichten eine Grillpfanne erhitzen, die Wassermelonenstücke aus den Beuteln nehmen, mit Öl bepinseln und so braten, dass sie ein schönes Muster erhalten.

Für den Gemüsecouscous die Karotten putzen, schälen und auf einer Reibe raspeln. Die Brokkoli waschen, am Strunk festhalten und ebenfalls raspeln. In einer Pfanne etwas Öl erhitzen, den Karotten-Brokkoli-couscous nur kurz darin bissfest anschwitzen, anschließend mit Salz und Pfeffer abschmecken.

Für die Sauce die Zwiebel schälen und fein hacken. Die Frühlingszwiebeln putzen, waschen und in feine Ringe schneiden. In einer Pfanne das Erdnussöl erhitzen und die Zwiebeln darin glasig anschwitzen. Dann die Frühlingszwiebeln zugeben und kurz mitbraten. Mit dem Soja- bzw. Haferdrink aufgießen und etwas einkochen. Die Pfefferminze waschen, trocken schütteln und die Blätter abzupfen. Zum Schluss untermischen und alles mit einem Stabmixer pürieren. Durch ein Sieb passieren und mit Salz und Pfeffer abschmecken.

Den Gemüsecouscous auf Tellern anrichten, die gegrillten Melonenstücke je nach Größe halbieren, darauf verteilen und mit der Pfefferminzsauce servieren.

Gegrillte Karottenstreifen auf Venere-Reis

Zutaten für 2 Portionen
(Standzeit ca. 1 Stunde)

Karottenstreifen
2 cm Ingwerwurzel
60 ml Olivenöl
Salz, Pfeffer
3 Karotten (ca. 300 g)
120 g Venere-Reis
2 Lorbeerblätter

Kerbelöl
½ Bund Kerbel
150 ml kalt gepresstes Rapsöl

Zubereitung

Den Ingwer schälen und in dünne Scheiben hobeln. Mit Olivenöl, Salz und Pfeffer eine Marinade herstellen. Die Karotten putzen, schälen, mit einem Sparschäler dünne Streifen von der Karotte schälen und ca. 1 Stunde marinieren. Kurz vor dem Anrichten die Marinade etwas abtropfen lassen und die Karotten in einer heißen Grillpfanne grillen.

Den Reis nach Packungsangabe mit den Lorbeerblättern kochen, anschließend abschütten und die Lorbeerblätter entfernen.

Für das Kräuteröl die Kerbelstängel waschen, trocken schütteln und die Blätter abzupfen. Mit dem Rapsöl vermischen und mithilfe eines Stabmixers pürieren.

Zum Anrichten den Venere-Reis mittig auf Tellern anrichten, die Karottenstreifen darauf verteilen und mit dem Kerbelöl beträufeln.

Reis der Kaiser

Venus-Reis wird diese schwarze Version auch genannt. In China galt er als „Reis der Kaiser". Glücklicherweise haben sich die Zeiten geändert, sodass alle in den Genuss kommen können. Diese Reissorte wird nur entspelzt, dadurch bleibt er nach dem Kochen noch etwas „bissiger". Venere-Reis schmeckt leicht nussig, sein Duft erinnert an frisch gebackenes Brot.

Vegan

Gegrillte Avocado mit roten Linsen

Zutaten für 4 Portionen

4 reife Avocados
Saft von ½ Limette
Olivenöl zum Braten
Salz, Pfeffer
150 g rote Linsen
½ Bund Koriander

Zubereitung

Die Avocados halbieren und den Stein entfernen. Entweder mit einem Messer die Schale dünn abschälen oder das Fruchtfleisch mit einem großen Löffel vorsichtig auslösen. Mit Limettensaft beträufeln. Olivenöl mit Salz und Pfeffer mischen und die Avocados darin kurz marinieren. 4 Hälften zum Grillen beiseitelegen. Die restlichen Hälften mit einer Gabel zu einem Püree zerdrücken.

Einen Topf mit 2 EL Öl erhitzen und die Linsen darin kurz anschwitzen. Mit Wasser aufgießen, so dass die Linsen bedeckt sind und diese nach Packungsangabe bissfest kochen. Anschließend die Linsen in ein Sieb abschütten, mit dem Avocadopüree vermischen und mit Salz und Pfeffer abschmecken. Bis zum Servieren warm halten.

Die Avocadohälften je nach Größe teilen und in einer Grillpfanne kurz von beiden Seiten so anbraten, dass ein schönes Muster entsteht.

Koriander waschen, trocken schütteln, Blättchen abzupfen und fein hacken. Das Linsen-Avocadopüree auf Teller verteilen, mit den gegrillten Hälften anrichten und mit Koriander garnieren.

Perfekte Avocados

Ganz wichtig ist, darauf zu achten, dass die Avocados wirklich reif sind. Sonst entwickeln diese „Butterfrüchte" ihren Geschmack nicht richtig. Gibt die Schale auf leichten Druck nach, ist der Reifegrad perfekt.

danach &

schendurch

vegan

Walnuss-Chai-Eis mit marinierten Erdbeeren

Zutaten für 4 Portionen

Walnuss-Chai-Eis
100 ml Wasser
2 EL loser Chai-Tee
40 g Rohrohrzucker (Fairtrade)
60 g gehackte Walnusskerne
300 ml Sojadrink (s. S. 18)
2 EL Puderzucker aus Rohrohrzucker

Marinierte Erdbeeren
500 g Erdbeeren
2 EL heller Balsamicoessig
2 TL Rohrohrzucker (Fairtrade)

Zubereitung

Für das Eis das Wasser aufkochen, den Tee zugeben und ca. 10 Minuten ziehen lassen. Anschließend durch ein Sieb gießen und vollständig auskühlen lassen. Den Zucker in einer Pfanne schmelzen, Walnusskerne zugeben und mit dem Sojadrink aufgießen. Zum Schluss den Puderzucker einrühren, mit dem Tee vermischen, auskühlen lassen und alles in einer Eismaschine cremig gefrieren.

Für die marinierten Erdbeeren diese waschen, putzen und vierteln. Die Erdbeerviertel mit Essig und Zucker kurz marinieren.

Das Eis in Nocken oder Kugeln abstechen und mit den marinierten Erdbeeren anrichten.

Gerätetipp: Pacojet für Profis

Die vorbereiteten Zutaten für das Walnuss-Chai-Eis bzw. das Melonen-Eis (s. rechts) in einen Pacojetbecher geben, verschließen und ca. 24 Stunden gefrieren. Kurz vor dem Servieren einmal pacossieren. Als Nocke oder Kugel anrichten.

vegan

Melonen-Eis im Gurkennest

Zutaten für 4 Portionen

Melonen-Eis
250 g Cantaloupemelone
40 g Puderzucker aus Rohrohrzucker
1 EL frisch gepresster Limettensaft
75 ml Wasser
100 ml Sojadrink (s. S. 18)
50 ml Rapsöl

Gurkennester
1 Salatgurke
2 EL Sesamöl
1 EL Essig
Salz, Pfeffer

Zubereitung

Von der Melone die Kerne entfernen, das Fruchtfleisch von der Schale schneiden und würfeln. Die Melonenwürfel mit dem Puderzucker und dem Limettensaft fein pürieren. Die restlichen Zutaten zugießen und untermischen. Alles in einer Eismaschine cremig gefrieren.

Für die Gurkennester die Gurke schälen. Mit einem Sparschäler feine Streifen abschälen, dabei drehen, bis nur noch das Innere übrig bleibt. Die Gurkenstreifen übereinanderlegen und in dünne „Gurkenspaghetti" schneiden. Diese mit Sesamöl, Essig sowie Salz und Pfeffer kurz marinieren. Dann vor dem Anrichten die Gurken mithilfe einer Fleischgabel zu kleinen Nestern aufdrehen.

Die Gurkennester auf Teller verteilen. Das Eis in Nocken oder Kugeln abstechen und darauf anrichten.

Handmade

Ohne Eismaschine bereiten Sie die Melonen-Eismasse oder auch die Walnuss-Chai-Eismasse (s. links) wie im Rezept beschrieben zu und gefrieren Sie diese über Nacht im Kühlschrank. Für etwas mehr Cremigkeit können Sie die Eismasse in einem Standmixer pürieren.

Gebratene Bananenscheiben mit Turboeis

vegan

Zutaten für 4 Portionen

Ausbackteig & Bananen
100 g Weizenmehl
1 TL Kurkumapulver
2 EL Agavendicksaft
150 ml Haferdrink (s. S. 19)
2 Bananen (Fairtrade)
Pflanzenöl zum Braten

Turboeis
1 kleiner Bund Pfefferminze
100 ml Wasser
60 g dunkle Schokolade (Fairtrade)
½ TL grüner Pfeffer
ca. 400 g Eiswürfel

Zubereitung

Für die gebratenen Bananen Weizenmehl, Kurkuma, Agavendicksaft und Haferdrink zu einem Teig verrühren und kurz quellen lassen. In der Zwischenzeit die Bananen schälen und in nicht zu dünne Scheiben schneiden. In einer beschichteten Pfanne ausreichend Öl erhitzen. Die Bananenscheiben im Teig wenden und portionsweise im heißen Öl von beiden Seiten knusprig braten. Auf Küchenpapier abtropfen lassen und warm halten.

Für das Turboeis die Pfefferminze waschen, trocken schütteln und die Blätter abzupfen. Die Minzblätter mit dem Wasser in einen Topf geben und aufkochen. Dann von der Kochstelle nehmen und ziehen lassen. Die Schokolade in einem Wasserbad schmelzen und mit dem grünen Pfeffer zum Wasser geben.

Die Masse in einen Standmixer geben, pürieren und darin abkühlen lassen. Dann portionsweise Eiswürfel untermixen, bis die Eismasse die gewünschte Konsistenz hat.

Die Bananenscheiben auf Tellern anrichten und mit dem Turboeis sofort servieren.

Veggie-Variante

Statt des Haferdrinks kann der Ausbackteig auch mit Milch hergestellt werden. Nach Geschmack noch mit Puderzucker oder Honig süßen.

Fruchtgummis

Zutaten für 200 g
(Standzeit mind. 2 Stunden)

150 ml Wasser
50 ml farbiger Fruchtsirup, nach Belieben
(z. B. Monin)
4 g Gellan

Zubereitung

Das Wasser mit dem Sirup und dem Gellan in
einen Topf geben und unter Rühren aufkochen.
Dann in Silikonformen füllen, dazu eignen sich
insbesondere die Eiswürfelformen, die es mit
unterschiedlichen Motiven gibt.

Die Masse auskühlen lassen und im Kühlschrank ca. 2 Stunden fest werden lassen.
Dann stürzen.

Die fertigen Fruchtgummis sofort naschen oder
in einem Tütchen verschlossen aufbewahren.

Bunte Naschereien

Die Fruchtgummis mit verschiedenen Sirups
zubereitet, sind eine schöne Alternative zu den
gelatinehaltigen Gummibärchen. Ideal zum
Naschen für zwischendurch.

Sabayon mit Kiwi

Zutaten für 4 Portionen

4 Kiwis
100 ml Sojadrink (s. S. 18)
2 EL Rohrohrzucker (Fairtrade)
100 ml halbtrockener Weißwein

Zubereitung

Die Kiwis schälen, in Würfel schneiden und
in Schälchen verteilen.

Den Sojadrink mit dem Zucker in einem
Wasserbad cremig aufschlagen und langsam den Weißwein zugießen. Weiter
aufschlagen, bis die Masse eine dickliche,
cremige Konsistenz hat.

Die Sabayon über den Kiwiwürfeln verteilen
und sofort genießen.

Es geht auch ohne ...

Der Weißwein lässt sich auch durch
Apfel- oder Traubensaft ersetzen.

Vanillecreme mit Exotik-Salat

Zutaten für 4 Portionen

1 Vanilleschote (Fairtrade)
3 EL Rohrohrzucker (Fairtrade)
400 ml Milch
2 Eier
400 g exotische Früchte, nach Belieben
1 EL heller Balsamicoessig
1 EL Agavendicksaft

Zubereitung

Die Vanilleschote längs halbieren und das Mark herauskratzen.

In einer Schüssel Zucker mit Milch, Eiern und Vanillemark vermischen und in einem Topf langsam unter ständigem Rühren erhitzen, bis die Masse dicklich wird. Dabei darauf achten, dass die Creme nicht zu heiß wird, da sonst die Eier gerinnen können. Hat die Creme die gewünschte Konsistenz erreicht, in eine saubere Schüssel umfüllen. Frischhaltefolie direkt auf die Oberfläche geben, damit sich keine Haut bildet und auskühlen lassen.

Die Früchte putzen, gegebenenfalls schälen und klein schneiden. Mit dem Essig und dem Agavendicksaft mischen und bis zum Servieren kalt stellen.

Die marinierten Früchte auf dekorative Gläser oder Schälchen verteilen. Die Vanillecreme darauf geben und sofort genießen.

Fester wird's…

Für eine festere Konsistenz, ähnlich einem Pudding, einfach 1 gut gehäuften EL Speisestärke mit der Eimasse verrühren.

Vegane Variante

Mit Sojadrink (s. S. 18) statt Kuhmilch und 4 EL Maisstärke oder 2 g Xanthan als „Ei-Ersatz" ist die Creme für Veganer geeignet. Noch 1 Messerspitze Kurkumapulver zufügen, damit die Creme schön „eigelbfarben" wird.

vegan

Mandel-Zwetschgen-Espuma

Zutaten für 4 Portionen
(Standzeit ca. 24 Stunden)

Mandelcreme
60 g geschälte Mandeln
150 ml Wasser
50 ml Rapsöl

Espuma
4 Zwetschgen oder Pflaumen
2 EL Agavendicksaft
2 Sahne-Kapseln (N_2O)

Deko
4 Spitzen Zitronenmelisse
Apfelchips (s. S. 151)

Zubereitung

Für die Mandelcreme die Mandeln mit dem Wasser ca. 24 Stunden einweichen. Danach in einem Standmixer fein mixen, dabei langsam das Öl einlaufen lassen, bis eine homogene Masse entsteht.

Für den Espuma die Zwetschgen oder Pflaumen waschen, halbieren, entsteinen, mit dem Agavendicksaft sowie der Mandelcreme vermischen und im Standmixer oder mithilfe eines Stabmixers pürieren.

Die Masse durch ein feines Sieb in einen Sahnespender füllen, gegebenenfalls nochmals kalt stellen und kurz vor dem Anrichten mit den Kapseln begasen.

Den Mandel-Zwetschgen-Espuma in Gläser oder Schälchen sprühen, mit Zitronenmelisse und Apfelchips dekorieren.

Schoggi-Thymian-Espuma

Zutaten für 4 Portionen
(Standzeit ca. 3 Stunden)

Espuma
1 Zweig Thymian
200 ml Sojadrink (s. S. 18)
75 g dunkle Schokolade (Fairtrade)
3 EL Puderzucker aus Rohrohrzucker
2 Sahne-Kapseln (N_2O)

Deko
4 Mango-Zitronenverbene-Chips (s. rechts)

Zubereitung

Den Thymianzweig waschen, trocken schütteln, in einen Topf mit dem Sojadrink geben und einmal aufkochen. Vom Herd nehmen und ca. 2 Stunden ziehen lassen. Anschließend den Thymian herausnehmen.

Die Schokolade grob hacken oder in Stücke brechen. Den aromatisierten Sojadrink in einem Topf erwärmen und die Schokolade darin schmelzen. Alles mit einem Schneebesen zu einer glatten Masse verrühren und am Schluss den Puderzucker zugeben.

Die Masse durch ein Sieb streichen, in einen Sahnespender füllen und ca. 1 Stunde im Kühlschrank kalt stellen. Mit den Kapseln begasen und in gekühlte Gläser sprühen. Mit jeweils einem Mango-Zitronenverbene-Chip anrichten.

Veggie-Variante

Statt des Sojadrinks einfach auf Sahne zurückgreifen und eine handelsübliche Zartbitterschokolade verwenden.

Apfelchips

Zutaten für ca. 150 g
(Standzeit ca. 4–6 Stunden)

1 Apfel (ca. 160 g)
2 TL Matchateepulver
30 g Puderzucker aus Rohrohrzucker
Saft von 1 Limette

Zubereitung

Den Backofen auf 80 °C Umluft vorheizen. Ein Backblech mit einer Silikonbackmatte belegen.

Den Apfel schälen, vierteln, Kerngehäuse entfernen und klein schneiden. Die Apfelstücke mit den restlichen Zutaten mit einem Stabmixer fein pürieren. Die Masse etwas abtropfen lassen und dünn auf die Silikonbackmatte streichen. Im Backofen ca. 4 Stunden trocknen. Damit die Feuchtigkeit entweichen kann, einen Kochlöffel in die leicht geöffnete Backofentür klemmen.

Alternativ das abgetropfte Püree auf kleine Backpapierstücke ausstreichen und in einem Dörrautomaten bei etwa 60 °C ca. 6 Stunden trocknen.

Die ausgekühlten Chips in geeignete Stücke brechen und beispielsweise mit dem Mandel-Zwetschgen-Espuma von Seite 148 servieren.

Mango-Zitronenver-bene-Chips

Zutaten für ca. 150 g
(Standzeit ca. 4–6 Stunden)

1 Mango (ca. 250 g)
2 TL getrocknete Zitronenverbene
20 g Puderzucker aus Rohrohrzucker

Zubereitung

Den Backofen auf 80 °C Umluft vorheizen. Ein Backblech mit einer Silikonbackmatte belegen.

Die Mango schälen, das Fruchtfleisch (ca. 180 g) vom Kern schneiden und grob würfeln. Mit den restlichen Zutaten mit einem Stabmixer fein pürieren. Die Masse dünn auf die Silikonbackmatte streichen. Im Backofen ca. 4 Stunden trocknen. Damit die Feuchtigkeit entweichen kann, einen Kochlöffel in die leicht geöffnete Backofentür klemmen.

Alternativ das abgetropfte Püree auf kleine Backpapierstücke ausstreichen und in einem Dörrautomaten bei etwa 60 °C ca. 6 Stunden trocknen.

Die ausgekühlten Chips in geeignete Stücke brechen und z. B. zu dem Schoggi-Thymian-Espuma (s. links) reichen.

vegan

Nuss-Avocado-Schokokugeln

Zutaten für ca. 20 Stück
(Standzeit ca. 1 Stunde)

200 g weiße oder dunkle Schokolade (Fairtrade)
1 reife Avocado
200 g Haselnussaufstrich (s. S. 21)
2 TL Agavendicksaft
2 TL Zimtpulver
2 TL Korianderpulver

Zubereitung

Die Schokolade etwas hacken oder in Stücke brechen und in einem Wasserbad schmelzen.

Die Avocado halbieren und den Stein entfernen. Das Fruchtfleisch mit einem Löffel herauslösen oder die Avocado schälen. Mit einer Gabel zu einem feinen Püree zerdrücken.

Den Haselnussaufstrich mit dem Agavendicksaft, dem Avocadopüree und den Gewürzen vermischen. Aus der Masse 20 nussgroße Kugeln formen, durch die Schokolade ziehen und auf einem Gitter fest werden lassen. Im Kühlschrank ca. 1 Stunde kalt stellen.

Dessert-Trio

Die Schokokugeln passen toll zu den gefüllten Datteln (s. rechts) und den Haselnuss-Quinoa-Riegeln (s. S. 156).

Gefüllte Datteln mit weißer Schokolade

Zutaten für 25 Stück

100 g weiße Schokolade (Fairtrade)
15 g geschälte Pistazien
20 g Cashewkerne (Fairtrade)
20 g geschälte Mandeln
150 g zimmerwarme Marzipanrohmasse
2 EL Rohrohrzucker (Fairtrade)
25 Datteln (Fairtrade)

Zubereitung

Die weiße Schokolade hacken oder in Stücke brechen und in einem Wasserbad schmelzen.

In der Zwischenzeit in die Datteln eine Öffnung schneiden, vorsichtig den Stein entfernen und beiseitestellen.

In einem Standmixer Pistazien, Cashewkerne und Mandeln zu einer feinen Paste pürieren. Das Marzipan stückchenweise zugeben, zum Schluss den Zucker einrieseln lassen und alles zu einer homogenen Masse verarbeiten.

Die Masse in einen Spritzbeutel mit feiner Lochtülle füllen, die für die Öffnung der Datteln groß genug ist, dann in die Datteln spritzen. Zum Schluss die Datteln mit einer Gabel durch die Schokolade ziehen, auf Backpapier legen und die Schokolade fest werden lassen.

Ein Hauch Nordafrika

Im Maghreb serviert man Köstlichkeiten wie diese zum Tee nach einem Essen. Wem das Ganze zu süß ist, lässt die weiße Schokolade weg und verfeinert die Masse mit einem Hauch Rosenwasser.

Süßer Reis in der Orange

Zutaten für 4 Portionen

1 Stängel Zitronengras
150 g Risottoreis
3 EL Rohrohrzucker (Fairtrade)
600 ml Reisdrink
4 Orangen
4 Spitzen Zitronenmelisse

Zubereitung

Vom Zitronengras die äußeren harten Blätter entfernen, das Innere der Länge nach halbieren und in der Mitte durchschneiden.

In einem Topf den Risottoreis mit Zucker, Zitronengras und Reisdrink aufkochen. Bei geringer Temperatur unter gelegentlichem Rühren nach Packungsangabe weich kochen. Dann das Zitronengras entfernen.

Von den Orangen einen Deckel abschneiden und mit einem scharfen Messer aushöhlen. Das Fruchtfleisch klein schneiden und unter den gegarten Reis heben.

Alles in die ausgehöhlten Orangen füllen und sofort servieren.

Spicy

Für eine noch aromatischere Variante einfach etwas geschälte Ingwer- oder Galgantwurzel mit dem Reis kochen. Die Schärfe der Wurzeln harmoniert toll mit dem Orangenaroma.

Veggie-Variante

Den süßen Reis einfach mit einer Mischung aus Sahne und Milch zubereiten.

Mandel-Feigen-Riegel

Zutaten für 4 Riegel
(Standzeit ca. 4 Stunden)

Riegel
140 g ungeschälte Mandeln
20 g Ahornsirup
80 g getrocknete Feigen
4 EL Mandelmus (s. S. 21)
1 cm frisch geriebene Ingwerwurzel

Guss
100 g weiße Schokolade (Fairtrade)

Zubereitung

Alle Zutaten in einen Standmixer geben und
zu einer geschmeidigen Masse verarbeiten.
Anschließend daraus 4 Riegel formen und
für mindestens 4 Stunden in den Kühlschrank stellen.

Die Schokolade grob hacken oder in Stücke
brechen und in einem Wasserbad schmelzen. Mithilfe einer Gabel die Riegel durch
die Schokolade ziehen, auf ein Backpapier
geben und fest werden lassen.

Haselnuss-Quinoa-Riegel

Zutaten für 4 Riegel
(Standzeit ca. 4 Stunden)

Riegel
200 ml Wasser
80 g Quinoa (Fairtrade)
140 g Haselnüsse
40 g Ahornsirup
4 EL Haferflocken

Guss
100 g Vollmilchschokolade (Fairtrade)

Zubereitung

Das Wasser aufkochen und die Quinoa
darin nach Packungsangabe weich kochen,
abschütten und auskühlen lassen.

Haselnüsse und Ahornsirup in einem Standmixer so lange mixen, bis eine Paste entsteht. Diese in einer Schüssel mit den
Haferflocken und der Quinoa vermengen
und zu 4 gleich großen Riegeln formen.
Anschließend im Kühlschrank mindestens
4 Stunden fest werden lassen.

Für den Guss die Schokolade hacken oder
in Stücke brechen und in einem Wasserbad
schmelzen. Mithilfe einer Gabel die Riegel
so durch die Schokolade ziehen, dass sie
gleichmäßig bedeckt sind, und auf einem
Backpapier abkühlen lassen.

Für den kleinen Hunger …

Die Riegel sind perfekt für den kleinen Hunger zwischendurch. Sie machen sich
aber auch gut als Teegebäck. Dafür die jeweilige Masse zu einem langen Riegel
formen und in kleine Quadrate schneiden. Diese dann ebenfalls mit Schokolade
überziehen und wie Petits Fours oder Pralinen genießen.

vegan

Fruchtige Walnuss-Riegel

Zutaten für 8 Riegel
(Standzeit ca. 4 Stunden)

140 g Walnüsse
100 g Trockenpflaumen
4 EL Haferflocken
20 g Ahornsirup
4 EL getrocknete Cranberrys

Zubereitung

Die Walnüsse mit den Pflaumen, den Haferflocken und dem Ahornsirup in einem Standmixer zu einer geschmeidigen Masse mixen.

Anschließend die Cranberrys zugeben und aus der Masse 4 Riegel formen. Im Kühlschrank mindestens 4 Stunden kalt stellen, bis sie fest sind.

Besprenkelt

Nach Lust und Laune noch mit geschmolzener dunkler Schokolade besprenkeln.

Blaue Mais-Crêpes mit süßem Mus

Zutaten für 6 Stück
(Standzeit ca. 4 Stunden)

Süßes Mus
50 ml frisch gepresster Limettensaft
250 ml Wasser
40 g Rohrohrzucker (Fairtrade)
6 g Gellan
Mark von ½ Vanilleschote (Fairtrade)

Crêpes
65 g blaues Maismehl
(Internetversand)
25 g Rohrohrzucker (Fairtrade)
1 Ei
30 ml Milch
300 ml Wasser
Pflanzenöl zum Ausbacken

Außerdem
1 TL Zimtpulver
2 EL Rohrohrzucker (Fairtrade)
Puderzucker aus Rohrohrzucker
zum Bestäuben

Zubereitung

Für das Mus alle Zutaten in einem Topf unter Rühren aufkochen und in eine mit kaltem Wasser ausgespülte Form gießen. Das Fruchtgel auskühlen lassen und für ca. 4 Stunden im Kühlschrank kalt stellen, bis die Masse fest ist. Vor dem Servieren das Gel mit einem Stabmixer fein pürieren.

Für den Crêpes-Teig Mehl mit Zucker mischen und mit Ei, Milch und Wasser mit einem Schneebesen verrühren. Den Teig ca. 20 Minuten quellen lassen.

In einer Crêpes-Pfanne (Ø 24 cm) 1 TL Öl erhitzen. Nacheinander 6 Crêpes ausbacken. Dafür jeweils eine kleine Kelle Teig in die Pfanne geben und schwenken, sodass sich der Teig gleichmäßig verteilt. Von beiden Seiten goldgelb ausbacken, aus der Pfanne nehmen und warm halten.

Zimt und Zucker vermischen. Das Mus in die Crêpes füllen, mit der Zimt-Zucker-Mischung bestreuen und zusammenklappen. Mit Puderzucker bestäubt servieren.

Vegane Variante

Für eine vegane Variante die Milch durch Sojadrink (s. S. 18) ersetzen und das Ei durch 2 EL Maisstärke oder 2–3 EL Apfelmus.

Lauwarme Cashew-Vanille-Küchlein

Zutaten für 6 Stück
(Standzeit ca. 5 Stunden)

Cashew-Vanille-Küchlein
130 g Cashewkerne (Fairtrade)
Pflanzenöl zum Einfetten
1 Vanilleschote (Fairtrade)
45 g Seidentofu (s. S. 26)
40 ml Sojadrink (s. S. 18)
50 g Rohrohrzucker (Fairtrade)

Beerencoulis
300 g gemischte Beeren
1–2 EL Agavendicksaft
2 TL frisch gepresster Zitronensaft

Zubereitung

Die Cashewkerne ca. 5 Stunden mit reichlich Wasser bedeckt einweichen.

Den Backofen auf 180 °C Umluft vorheizen. Die Mulden einer Muffinform mit Öl einfetten. Die Vanilleschote längs halbieren und das Mark herauskratzen.

In einem Standmixer die eingeweichten Cashewkerne mit Vanillemark, Seidentofu, Sojadrink und Zucker zu einer glatten Masse pürieren. Den Teig in die Mulden verteilen. Im Backofen auf dem Rost auf mittlerer Schiene ca. 25–30 Minuten backen.

Für die Coulis die Beeren verlesen, gegebenenfalls waschen, mit dem Agavendicksaft und dem Zitronensaft im Standmixer fein pürieren. Nach Belieben durch ein feines Sieb streichen.

Die Beerencoulis zu den lauwarmen Küchlein servieren.

Garprobe

Ob die Küchlein gar sind, kann man mit einem Holzspieß prüfen. Einfach hineinstechen, haftet kein Teig mehr daran, sind die Küchlein fertig, ansonsten noch wenige Minuten weiterbacken.

vegan

Schoko-Zucchini-Kuchen

Zutaten für ca. 10 Stücke

125 g dunkle Schokolade (Fairtrade)
30 g Kakaobutter
200 g Zucchini
150 g Weizenmehl
½ TL Backpulver
½ TL Nelkenpulver
je 1 TL Kardamom-, Anis-
und Korianderpulver

Zubereitung

Den Backofen auf 180 °C Umluft vorheizen. Ein Backblech mit Backpapier auslegen.

Die Schokolade grob hacken oder in Stücke brechen, zusammen mit der Kakaobutter in einem Wasserbad schmelzen. Dann verrühren und etwas abkühlen lassen.

Die Zucchini putzen, waschen und mit einer Reibe fein raspeln. Mehl und Backpulver mit den Gewürzen vermischen. Langsam die Schokoladen-Kakao-butter-Mischung einlaufen lassen und alles mit einem Handrührgerät zu einem geschmeidigen Teig verrühren. Zum Schluss die Zucchiniraspel unterheben.

Den Teig ca. 1 cm hoch auf das Backpapier verstreichen. Im Backofen auf mittlerer Schiene ca. 30 Minuten backen. Dann herausnehmen, abkühlen lassen und in Ecken schneiden.

Passend kombiniert

Der Kuchen schmeckt lecker mit einer Kugel Walnuss-Chai-Eis (s. S. 142).

Karottencake

**Zutaten für 2 kleine Motivbackformen
oder 1 Kastenkuchen**

**Sonnenblumenöl zum Einfetten
200 g Karotten
200 g Weizenmehl
½ Päckchen Backpulver
80 g Birkenzucker
80 ml Sonnenblumenöl
Abrieb von ½ unbehandelten Zitrone
1 gestrichener TL Kardamompulver
1 gestrichener TL Zimtpulver**

Zubereitung

Den Backofen auf 180 °C Umluft vorheizen. Die Formen mit Öl einfetten.

Die Karotten putzen, schälen und auf einer Reibe fein raspeln. Mehl mit Backpulver vermischen, zusammen mit den Karotten und den restlichen Zutaten mit einem Handrührgerät zu einem geschmeidigen Teig verrühren. Den Teig in die Formen füllen und im Backofen auf dem Rost auf mittlerer Schiene backen. Den Karottencake ca. 50–60 Minuten backen, die kleineren Formen ca. 30–35 Minuten.

Anschließend den fertigen Kuchen herausnehmen, kurz stehen lassen, stürzen und auf einem Kuchengitter auskühlen lassen.

Aber bitte mit Schlag …

Toll schmeckt dazu die aufgeschlagene Soja-Schlagcreme (s. S. 20), verfeinert mit etwas frisch geriebenem Orangenabrieb.

fairtrade &

register

Fairtrade

Was steckt dahinter?

Woher kommen eigentlich viele Rohstoffe und Produkte, die wir täglich nutzen? Ein Großteil stammt aus Entwicklungs- und Schwellenländern. Sie sind für uns geradezu selbstverständlich. Meistens fragen wir uns kaum, unter welchen Bedingungen sie hergestellt und gehandelt werden.

Im Zentrum von Fairtrade stehen daher Kleinbauernfamilien und Plantagenarbeiter in Afrika, Lateinamerika und Asien, die für uns zum Beispiel Reis, Kakao, Bananen oder Kaffee anbauen. Ein fairer Marktzugang, geregelte Arbeitsbedingungen oder aber der Schutz der Gesundheit, wie dies bei Fairtrade üblich ist, sind längst nicht überall selbstverständlich. Auch der Umgang mit den natürlichen Ressourcen ist für uns ein zentraler Punkt, denn nur mit einer intakten Natur ist letztlich erfolgreiche und vor allem nachhaltige Landwirtschaft möglich.

Wie wirkt Fairtrade?

Fairtrade stärkt Kleinbauernfamilien und Arbeiter in Entwicklungs- und Schwellenländern, damit diese ihre Lebensbedingungen aus eigener Kraft nachhaltig verbessern können. Neben einer verbesserten Einkommenssituation ist die Selbstbestimmung und Verantwortungsübernahme wesentlich. So entscheiden die Produzenten selbstständig, wie sie die Fairtrade-Prämiengelder einsetzen wollen.

Dadurch sind sie in der Lage, beispielsweise dringend notwendige Investitionen in Infrastruktur und Bildung, in medizinische Versorgung oder auch Produktivität zu tätigen.

Was können Sie tun?

Achten Sie bei Ihrem Einkauf auf Produkte mit dem Fairtrade-Gütesiegel. Die Auswahl ist groß und im Fachgeschäft erhältlich. Mit jedem dieser ausgezeichneten Produkte stärken Sie den Fairtrade-Gedanken und ermöglichen Kleinbauernfamilien und Arbeitern in den Anbauländern, ihre Lebens- und Arbeitssituation aus eigener Kraft nachhaltig zu verbessern.

Sie haben es in der Hand!

Für mehr Information über Fairtrade:

Für Deutschland www.fairtrade-deutschland.de
Für Österreich www.fairtrade.at
Für die Schweiz www.maxhavelaar.ch

Rezeptregister

Rezeptregister Veggie

DANKE

Seit Jahren beschäftige ich mich ausgiebig mit der molekularen Küche. Wie wäre es also, dieses Wissen über Texturen mit dem Thema „Veggie/Vegan" in einem ganz besonderen Buch zu verknüpfen? Ich habe schnell gemerkt, wie spannend das für mich ist – allerdings auch zeitaufwendig. Zu meinem Glück habe ich eine Familie, die dafür Verständnis zeigt. So gilt mein größter Dank vor allem meinem Sohn Nicolas und meiner Frau Célia. Ganz herzlich möchte ich auch Prof. Dr. Helmut Jungwirth danken, einem guten Freund aus Graz, der sich bereit erklärte, das Vorwort für dieses Buch zu schreiben, sowie Prof. Dr. Thomas Vilgis, meinem langjährigen Wegbegleiter, der mir mit Rat und Tat zur Seite steht. Nicht zuletzt danke ich meinen Partnern und Sponsoren: Carma, CeCo AG – Welt der Messer, Emmi Schweiz, Jobeline, Kisag AG, Landolt Hauser AG, Linde PanGas AG, Maurice de Mauriac, Pacojet AG, Vac-Star AG.

Ein weiterer Dank geht an die Berndorf Luzern AG, die das im Buch gezeigte Geschirr zur Verfügung stellte. Verwendet wurde Geschirr von 8Pandas, das aus nachwachsenden Rohstoffen wie Bambus und Reishülsen hergestellt, zudem vollständig kompostierbar und somit 100 % umweltfreundlich ist. Das Keramikgeschirr der „Evolution"-Serie von Dudson wurde mit der weltweit niedrigsten CO_2-Bilanz für den Brenn- und Glasurprozess produziert.

Rolf Caviezel

www.freestylecooking.ch

Auch bei Facebook

MEINE VEGGIE KÜCHE

Impressum

Herausgeber: Ralf Frenzel

© 2014 Tre Torri Verlag GmbH, Wiesbaden
www.tretorri.de

Idee, Konzeption und Umsetzung: Tre Torri Verlag GmbH, Wiesbaden

Fotos: Peter Schulte, Hamburg
Portraitfoto: André Berger, Grenchen
Fotos S. 166/167: Fairtrade Deutschland & Max Havelaar-Stiftung (Schweiz)
Food: Julia Luck, Hamburg
Gestaltung: Gaby Bittner, Wiesbaden
Reinzeichnung: Peter Winkelmann, Wiesbaden
Reproduktion: Lorenz & Zeller, Inning am Ammersee

Printed in Slovakia

ISBN 978-3-944628-19-6